山西古村镇系列丛书

山西省住房和城乡建设厅组织编写

良户古村

王金平 于丽萍
王建华 韩卫成 著

中国建筑工业出版社

图书在版编目(CIP)数据

良户古村／王金平等著. —北京：中国建筑工业出版社，2012.12
（山西古村镇系列丛书）
ISBN 978-7-112-14913-1

Ⅰ.①良… Ⅱ.①王… Ⅲ.①乡村-古建筑-介绍-高平市 Ⅳ.①K928.71

中国版本图书馆CIP数据核字（2012）第277015号

责任编辑：费海玲
责任校对：肖　剑　刘　钰

山西古村镇系列丛书
山西省住房和城乡建设厅组织编写

良户古村

王金平　于丽萍　王建华　韩卫成　著

＊

中国建筑工业出版社出版、发行（北京西郊百万庄）
各地新华书店、建筑书店经销
北京方舟正佳图文设计有限公司制版
北京顺诚彩色印刷有限公司印刷

＊

开本：787×960毫米　1/16　印张：$14\frac{1}{2}$　字数：275千字
2013年1月第一版　2013年1月第一次印刷
定价：68.00元
ISBN 978-7-112-14913-1
（22963）

版权所有　翻印必究
如有印装质量问题，可寄本社退换
（邮政编码 100037）

《山西古村镇系列丛书》

主　编：李俊明　李锦生
副主编：于丽萍　张　海　薛林平

《良户古村》

著　者：王金平　于丽萍
　　　　王建华　韩卫成

丛书总序

我曾多次到过山西，这里丰富的历史遗存和深厚的人文底蕴，令人赞叹，给人的印象非常深刻。山西省建设厅张海同志请我为《山西古村镇系列丛书》作个序，在这里我就历史文化遗产和古村镇保护等有关问题谈一些粗浅的想法。

国际经济社会发展的经验证明，一个国家城镇化水平达到30%以后，城镇化进程不断加快，随之出现城市建设的高潮；人均生产总值达到1000~3000美元时，进入经济发展的黄金期，也是多种矛盾的爆发期，这个时期不仅可能引发各种社会矛盾，还会出现许多问题。我国城镇化水平2003年就已经超过了40%，人均生产总值2006年已经超过了2000美元，国民经济快速发展，城镇化进程不断加速；在城市建设日新月异的发展中，中央又审时度势提出了"两个趋势"的科学判断，作出了加强小城镇和新农村建设的决策。过去，我国城市的大批建筑遗存，正是在大搞城市建设中遭到毁灭性破坏。现在，我国农村许多建筑遗产，能否在小城镇和新农村建设中有效保护，正面临着严峻考验。处理好小城镇和新农村建设与古村镇保护的关系，保护祖先留下的非常宝贵、不可再生的文化遗产，是历史赋予我们义不容辞的责任。

对于建筑历史文化遗产的保护，人们的观念不断创新、思路逐步调整、方法正在改进，从注重官府建筑、宗教建筑的保护，向关注平民建筑保护的转变；从注重单体建筑的保护，向关注连同建筑周边环境保护的转变；尤其是近年来，特别关注古村镇的保护。因为，古村镇是区域文化的"细胞"，是一个各种历史文化的综合载体，不仅拥有表现地域、历史和民族风情的民居建筑、街区格局、历史环境、传统风貌等物质文化遗产，还附着居住者的衣食起居、劳动生产、宗教礼仪、民间艺术等非物质文化遗产。我国现存有大量的古村镇，其历史文化价值和社会经济价值都是巨大的，按照英格兰的统计方法，古村镇的价值应占到GDP的30%以上。然而，认识到这一点的人并不多，甚至有人认为古村镇、古建筑是社会发展的绊脚石，这种观点对于文化的传承和社会的进步都是极为不利的。在快速推进的城乡建设浪潮中，我们所面临的最大问题就是，大批历史古迹被毁坏，大批古村镇被过度改造，使中华民族的历史文化遗产严重损坏。在这个时候提出古村镇的保护，实际上是一项带有抢救性的工作。

2008年1月1日开始实施的《城乡规划法》，突出强调了保护历史文化遗产的重要性；2008年4月又颁布了《历史文化名城名镇名村保护条例》。历史文化名城保护工作已开展近30年，历史文化名镇名村保护工作也已启动，现在大家基本达成共识，保护有价值的古村镇，其实就是"保护文化遗产，弘扬优秀的传统文化……保持民族性，体现时代性"。但是，当前全国历史文化村镇保护的形势仍然不容乐观，保护工作极不平衡，一些地方还未认识到整体保护历史文化村镇的重要性，忽视了周边环境风貌和尚未列入文物保护单位的优秀民居的保护，制定和完善保护历史文化村镇规划的任务还十分艰巨；一些地区片面追求经济效益，对历史文化村镇进行无限度、无规划的盲目开发；一些地方擅自改变国有文物保护单位的管理体制，交给企业经营管理。

作为华夏文明的发祥地之一，山西有着丰厚的文化积淀和历史遗存，不仅有数量众多的古建筑，还保存有大量的古村镇。由于山西历史悠久、民族聚居、文化融合、地形差异等多因素影响，再加之较为发达的古代经济，建造了大量反映农耕文明时代、各具特色的古村镇。这些古村镇，一是分布在山西中部汾河流域，以平遥古城为中心，以晋商经济为支撑，体现晋商文化特色；二是分布在晋城境内沁河流域，以阳城县的皇城、润城为中心，以冶炼工业及商贸流通为支撑，体现晋东南文化特色；三是分布在吕梁山区黄河沿岸，以临县碛口古镇为中心，以古代商贸流通、商品集散为支撑，体现晋西北黄土高原文化；四是沿山西省内外长城，在重要边关隘口，以留存了防御性村堡，体现边塞风情和边关文化，在山西统称为"三河一关"古村镇。这些朴实生动和极富文化内涵的古村镇，是人类生存聚落的延续，是中国传统建筑的精髓；保存有完整的古街区、大量的古建筑，体现着先人在村镇选址、街区规划、院落布局、建筑构造、装饰技巧等方面的高超水平；真实地反映了农耕文明时代的乡村经济和社会生活，凝聚了劳动人民的智慧，沉淀了中华民族的优秀文化，传承了丰富的历史信息；具有浓郁的地方特色和很高的研究价值，是人类共同的文化遗产和宝贵财富。

山西省建设厅一直对古村镇及其文化遗产的保护非常重视，从2005年开始，对全省的古村镇进行了系统普查，根据普查的初步成果，编辑出版了《山西古村镇》一书；同年，主办了"中国古村镇保护与发展碛口国际研讨会"，并通过了《碛口宣言》。报请省政府下发了《关于历史文化名镇名村保护工作的意见》，并分两批公布了71个"山西省历史文化名镇名村"，其中18处已经成为"中国历史文化名镇名村"。为大部分古村镇制定了科学的保护规划，开展了多层次的保护工作，逐步形成了科学、合理、有效的保护机制。为了不断提高人们的保护意识，他们又组织编写了《山西古村镇系列丛书》，本系列丛书撷取山西有代表性的古村镇，翔实地介绍了其历史文化、选址格局、建筑特色、非物质文化遗产，内容较为丰富。为了完成书稿的写作，课题组多次到现场调查，在村落中居住生活了相当一段时间，积累了大量第一手资料。通过细致的测绘图纸和生动的实物照片，可以看到他们极大的工作热情和辛勤劳动。这套丛书不仅是对古村镇保护工作的反映，更有助于不断增强全社会的文化遗产保护意识。让我们以此为契机，妥善处理保护与发展的关系，做到科学保护、有效传承、永续利用历史文化遗产，不断开创历史文化名镇名村保护工作的新局面。

是为序。

住房和城乡建设部　副部长

目 录

丛书总序

第一章 古村探源 ... 1
一、泫水西域良户村 ... 2
二、长平之战秦兵寨 ... 7
三、空仓岭东阁老庄 ... 9
四、诗意栖居持福地 ... 16

第二章 聚落格局 ... 21
一、古村演进史久远 ... 22
二、街巷纵横骨架网 ... 28
三、公共空间配套全 ... 36
四、聚居格局意悠长 ... 42

第三章 公共建筑 ... 47
一、千年布道玉虚观 ... 48
二、地据岗峦大王庙 ... 56
三、吞蝗神祇皇王宫 ... 61
四、古村东街关帝庙 ... 64
五、层层迷雾白爷宫 ... 66

六、宰家坛南虎耳坟························68
　　七、田氏宗祠接青云························71

第四章　民居建筑····························83
　　一、民居建筑类型多························84
　　二、蟠龙古寨侍郎府························90
　　三、双进士院踞凤首························99
　　四、凤凰尾处阁子院·······················104
　　五、太平街西邻古居·······················109
　　六、良户东街当铺院·······················117
　　七、西街宅院精且美·······················122

第五章　装饰艺术···························129
　　一、装饰语言传达意·······················130
　　二、装饰艺术多载体·······················133
　　三、木雕装饰形随意·······················134
　　四、砖雕艺术撼人心·······················141
　　五、石雕技艺夺天工·······················152
　　六、小中见大话铺首·······················163
　　七、楹联匾额意蕴深·······················165

附录 ⋯⋯⋯⋯⋯⋯⋯⋯⋯⋯⋯⋯⋯⋯⋯⋯⋯⋯⋯⋯⋯⋯⋯⋯⋯⋯⋯⋯⋯⋯⋯⋯⋯⋯ 167
  附录1 历史建筑测绘图选录 ⋯⋯⋯⋯⋯⋯⋯⋯⋯⋯⋯⋯⋯⋯⋯⋯⋯⋯ 167
  附录2 碑刻选录 ⋯⋯⋯⋯⋯⋯⋯⋯⋯⋯⋯⋯⋯⋯⋯⋯⋯⋯⋯⋯⋯⋯⋯ 191
  附录3 《王氏家谱》选录 ⋯⋯⋯⋯⋯⋯⋯⋯⋯⋯⋯⋯⋯⋯⋯⋯⋯⋯⋯ 201
  附录4 《田氏家谱》选录 ⋯⋯⋯⋯⋯⋯⋯⋯⋯⋯⋯⋯⋯⋯⋯⋯⋯⋯⋯ 204

后记 ⋯⋯⋯⋯⋯⋯⋯⋯⋯⋯⋯⋯⋯⋯⋯⋯⋯⋯⋯⋯⋯⋯⋯⋯⋯⋯⋯⋯⋯⋯⋯⋯⋯⋯ 220

【第一章】

古村探源
GUCUNTANYUAN

一、泫水西域良户村

良户古村是第三批中国历史文化名村,隶属于山西省高平市原村乡,地处古上党地区西南部的咽喉部位(图1-1)。山西简称"晋",因其位于太行山之西故而被称为"山西",也谓之"山右"。从地图上看,山西边界的外观近似平行四边形,西北、东南为钝角,西南、东北为锐角,高平则位于晋东南的钝角区域(图1-2)。

高平,即古代的长平。东有翠屏山,西有空仓岭,南有游仙山,北有羊头山。所以"四面皆山,中有平地";"层山环抱,曲水萦流"。向为"秦晋唇齿,河朔咽喉"。[1] 战国时,秦国名将白起进攻赵国,坑杀赵国投降将士40余万人于此。时至今日,老百姓仍然哀恤、恻隐不已。"故自为童子,即知有长平"。[2] 由此可见,因秦赵两国之间的长平战事,"高平"这一地名,世人皆知。

图1-1 山西区位图

图1-2 高平区位图

---

[1] 引自清雍正《泽州府志》"形胜"。
[2] 引自明弘治八年(公元1495年)《高平县志》"序"。作者王守仁(1472—1528),字伯安,浙江余姚人,曾筑室于故乡阳明洞中,世称阳明先生,卒谥文成。著有《王文成公全书》三十八卷。明代著名的哲学家、教育家。

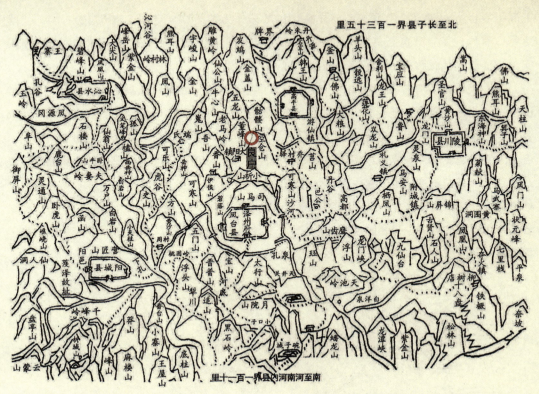

图1-3 清雍正《泽州府志》中的府属图

事实上,高平之所以有名,并非只因此故。高平历史悠久,春秋时为泫氏,战国时改称长平,初属韩,次属赵,后为秦国所据。北齐时,改称高平并沿用至今。历史上分属上党郡、高都郡、盖州、泽州等管辖(图1-3)。

高平地处黄河腹地的太行山西南边缘,是华夏文明发育较早的地区。从首阳山出土的旧石器来看,早在远古时期,即有人类在此活动。首阳山亦名羊头山,位于县北40里,与长子接界。"蚩尤产乱,出羊水,登九淖,以获空桑"。[1]羊水,即羊头山之水,山上建有神农庙,庙前有神农泉,传说中的神农氏即得嘉禾于此,始教稼穑。[2]清雍正《泽州府志》引《省志》云:"有黍二畔。其南阴地黍白,其北阳地黍红,因之以定黄钟。阴地黍白,

---

1 引自《蚩尤传》。蚩尤,上古时代九黎族部落酋长,载于《史记·五帝本纪》"黄帝纪"。因其有与黄帝争战失败的经历而闻名。
2 引自《高平县志》第1页,中国地图出版社,1992年。

乃高平界也"。[1]事实上,历代均选羊头山的黍子作为种子。《隋书·律历志》曰:"上党之黍,有异他乡,其色至乌,其形圆重,用之定量,定不徒然",这说明羊头山的黍子果实饱满,若选其做种子,定能保证来年收成。

在县境之北,有著名的发鸠山,此山为高平县之祖山。据乾隆《高平县志》载:"发鸠山,县西北五十里,为邑祖山"。发鸠山呈东西走向,在高平县境内南北约2公里,东西约6公里,面积10平方公里。据乾隆《高平县志》载:"纵横数十里,西北其他诸山名虽不同,但皆为发鸠之支脉",这说明发鸠山的规模很大。"鸠山暮雨"被历代县志称之为高平古代八景之一,是"精卫填海"这一神话故事的发生地。发鸠之山,其上多柘木,有鸟名精卫,相传炎帝之女游海溺死化为鸟,常取西山之木石填海,每夕常闻风雨声,明月不辍。[2]也有学者认为,精卫鸟实为少昊帝的臣子,故有"五鸠,少昊臣。元魏有五鸠墓"的说法。[3]与长子县接壤的丹朱岭,则以尧封长子丹朱于此地而得名,丹水即发源于此山(图1-4)。

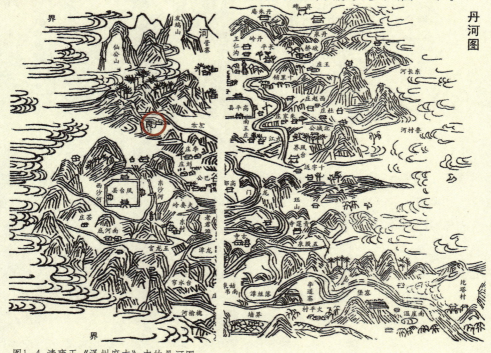

图1-4 清雍正《泽州府志》中的丹河图

---

1 引自清雍正《泽州府志》"山川"。
2 引自《山海经》。
3 引自清雍正《泽州府志》"山川"。

丹朱岭山高崖陡，形势险要，是高平县北部的屏障。山腰的长平关，历史为军事要地，故旧有"太行险固、东洛藩垣"之称。丹河古称源泽水、泫水、丹水，水出丹朱岭，是高平的母亲河，由北向南，贯穿全境。秦赵长平之战时，即以此河为界。"秦杀赵卒，其水变赤，因名丹河"。[1]

许河是丹河的支流，为季节性河流，由原村河、马村河、野川河在许庄附近汇集而成，故而得名许河。有人认为许河是历史上的长平水，"长平水当即今许河，源出原洁泉"。[2]

历史上，许河的支流原村河，也被称之为明公河。据《高平县地名志》载，汉朝时有位叫"原明公"的官员，颇有才学与德行，因受到奸臣的打击，被流放到高平县神山。神山，位于县城西17公里，海拔1300米，在著名的高平关之北，与沁水交界。这里缺土少水，十年九旱。原明公带领百姓，将山河治理得井井有条，水甜土肥，原村附近的人民世代受益。为了纪念这位贤人，当地老百姓将居住的村庄改名为"原村"，将原村北部的金牛山改名为"相公山"，将村庄南部的河流改称为"明公河"。时至今日，仍然有百姓将原村河唤作"明公河"（图1-5）。

图1-5 位于明公河北岸的良户古村

---

1 引自《太平广记》。
2 引自清雍正《泽州府志》"山川"。

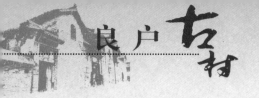

原村河由西向东，静静地流经良户古村，逶迤奔向许河，再经许河注入丹河。原村河畔的良户古村，世代繁衍生息，演绎着动人的故事。良户古村现辖良户、寨上两个自然村。最新统计显示，良户古村总面积为3.8平方公里，总户数505户，共1530口人。良户古村东距县城17公里，与冯村接壤；西临章庄村，与著名的军事关隘空仓岭高平关相连。其"形胜"可借玉虚观碑刻来描述："凤翅山之南，双龙岭之北，左有汤庙，右有吴神，护持福地，流水环其中，澄澈清冷，涤人烦襟"。[1]良户村所处的地域比较偏僻，清代高平境内有官道1条，为南北走向，南通泽州府，北通潞安府，全长41公里。另有大道5条，北通长子，东通陵川，南通晋城，东北通长治，西北通沁水。民国初年，官方在高平境内修筑了4条大路，俗称"官道"。其中有一条是通往良户方向的，由县城经过马村、空仓岭通往沁水，此条道路正好与县境通往"高平关"的古道重叠，但良户古村不在必经之道上。[2]如今，穿过空仓岭（老马岭）隧道、途径良户村的道路，已成为高平通往沁水的主要道路（图1-6）。

图1-6 良户古村区位图

---

1 引自良户村玉虚观元至元十六年（1279年）《新修玉虚观记》碑。
2 参见《高平县志》第179页，中国地图出版社，1992年。

二、长平之战秦兵寨

秦昭襄王四十五年（公元前262年），秦军攻克韩国的野王（今沁阳）和南阳（今修武），切断了上党与韩国的联系。韩国派人入秦，请献上党求和。上党远秦近赵，太守冯亭为了联赵抗秦，将上党17邑献给了赵国。秦王十分恼怒，派左庶长王龁统兵二十万直趋上党。赵国倾全国之师，由老将廉颇率领，与秦军相持于长平，爆发了著名的长平之战。这次战争发生在高平县丹河两岸的河谷地带，战事以秦将白起战胜赵国统帅赵括，坑杀40万降卒而结束。其战场遗址，"城之左右沿山，南北五十里，东西二十余里，悉赵、秦故垒"。[1]战争虽然已经过去2200余年，但至今仍有许多村名、地名与此有关，符合中国"地以事名"的命名习惯（图1-7）。

据《高平县地名志》，良户村西部的老马岭，也称空仓岭。"空仓山，县西南四十五里。秦白起诡运米置仓于此，以给赵括。旧建巡检司城。"[2]由此可知，秦军为了迷惑赵军，模仿赵将廉颇的大粮山，在此处也建造了假仓，"空仓岭"由此而得名。"高平关"位于空仓岭之山腰，关口系东西走向，南北1000米，东西350米。这里地势险要、山岭交错、沟壑众多，历来是兵家必争之地。战国"长平之战"、五代"赵匡胤下高平"[3]、抗战时期的"高平关狙击战"[4]等从古至今许多著名的战役，均发生在这里。

"安贞堡"在今下马游村的寨上，位于城西8.5公里处，这里地势较高，长平之战后期，白起在此修了一座堡垒，作为秦军前沿指挥部驻地。所谓"秦城"，据说是秦军在此地修筑过城堡。"马村"原名平泉村，位

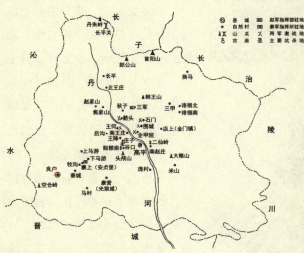

图1-7 长平之战良户古村位置图

---

1 引自清乾隆《高平县志》。
2 引自清雍正《泽州府志》。
3 是指宋代初期，赵匡胤曾派大将高怀德镇守此关。
4 是指抗日战争初期，名将赵寿山率领国民革命军第十七师，在此击溃由曲沃东犯高平的日军。

于县城西南11.5公里处，相传长平之战时，驻扎在光狼城的秦军常在这里饮马，遂改为饮马村，后演变为现名。此外，秦兵牧马之地称为"牧沟"，游战之地称为"马游"。"康营"即古光狼城，位于县城西南7公里处，相传长平大战前，韩国上党太守冯亭，曾把这里作为抗击秦军的重镇。秦军占领光狼城后，为显示其兵营强大，改称"强营"，唐代后始称今名（图1-8）。

"三军"位于城北6公里处，相传这里为赵军三军指挥部驻地。"谷口"原名杀谷，位于城西2.5公里处，为白起坑杀赵卒之处。"赵括乘胜追至秦壁，即今省冤谷也。其谷四周皆山，惟前有一路可容车马，形如布袋。赵兵自入，战不利，筑垒坚守。后括自出搏战，为秦射杀之，四十万人降武安君，诱入谷，尽坑之。"[1]所谓白起台，据《水经注》载："秦坑赵众，收头颅筑台于垒中，因山为台崔嵬桀起，今仍号曰白起台"。因这里杀人太多，老百姓称之为杀谷。潞王李隆基路经高平，在村中建"骷髅庙"，将村南之山改称"头颅山"，将"杀谷"更名为"省冤谷"。

图1-8 "古光狼城"匾额

长平之战时，良户古村正好处于诸如"高平关、安贞堡、秦城、马游、康营、皇王寨、皇王头、古寨"等关隘、村落之间，是秦军东进的必经之地。从早年出土的秦代空心砖推知，该村也是长平之战发生的核心地区，为秦军驻地之一。秦兵曾在该村村西北的高地上建寨扎营。据当地百姓讲，村西头唤作"小寨上"的古堡遗址，始为秦军所筑（图1-9）。村里甚至有人认为，良户古村东北方向寨上的自然村也与长平之战有关（图1-10）。

图1-9 良户村小寨遗址

---

[1] 据《高平县志》坑赵卒考记载。武安君即白起。

图1-10 良户寨上二村相对位置

三、空仓岭东阁老庄

良户古村历史悠久，从村西头的唐槐古树来看，至少已有1000余年的建村史（图1-11、图1-12）。但村落究竟始建于何时，则无从考证。所谓小寨、寨上等长平之战遗址，也只是传说而已，并无定论。据《高平县地名志》，明公河即原村河，其沿岸的村落，应该在汉代时期，就已经形成。[1]但"原明公"是何许人？查遍正史，不见其人其事。依据当地人的言传口述、早年出土的宋代墓碑以及元代的玉虚观碑记[2]可知，该村在唐宋时期业已兴盛。相传，唐代中期，郭、田两姓家族在此建村，当时的良户村叫"两户"村。从宋代初年开始，陆续又有袁、高、邵、宋、宁、李、秦、赵、张、苏、窦、王等他姓人家迁居此村，人口增加，村落扩大，到元明时期，较具规

图1-11 冬季唐槐

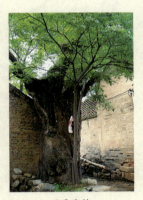

图1-12 夏季唐槐

---
1 引自《高平县地名志》第376页。
2 元至元十六年（1279年）五月十五日立石。

模,当时曾叫"梁村",属于高平县都善乡蒲泉里。明清实行里甲制,县下设都,都下设里,里下设甲。明初,高平县设161里。崇祯年间,"兵寇交讧,灾疫浸行",因人口减少之故,更为百里,因循未变。[1]据清康熙六年(1667年)的《关帝庙创建碑》以及乾隆年间的《王氏家谱》记载,当时的良户古村,称为通义里"梁扈"村。清同治六年(1867年),全县设30都100里,良户古村属第23都通义里。宣统年间属高平县通义西里八村。民国初年废里甲制后,属三区下董峰主村。"良户"这个村名由来已久,至少在明万历十五年(1587年)已经出现。如"阅状据可久曾祖讳献,字主敬,号为大梁,世籍通义里良户村"。[2]又如"距邑之西一舍许,曰通义南里良户村"。[3]虽然在清康熙、乾隆年间叫做"梁扈",但清同治六年(1867年),又称为"良户",至今未变(图1-13)。[4]

图1-13 清雍正《泽州府志》中的高平县境图

---

1 引自《高平县志》第10页,中国地图出版社,1992年。
2 引自田家三世后门始祖田献"明处士大梁田公墓表"。田献,字主敬,号大梁。墓碑立于明万历十五年(1587年)。
3 引自田家五世后二门田仿"大明封君南峰先生田公墓表",墓碑立于明万历二十一年(1593年)。
4 详见清同治版《高平县志》"地理"。

良户古村由少数姓氏的血缘聚落,发展成为多种姓氏的血缘聚落,构成了新的聚落结构,形成了相对清晰的古村发展历程。作为一个有着千年历史的血缘聚落,随着人口不断的迁入与繁衍,良户古村见证了中国农耕社会"耕读传家"的聚居方式和文化生态,是中华大地古村落的一个历史缩影。其历经千年所形成的、特有的聚落组织结构,是中国农村社会变迁的有力证据(图1-14)。历史上,良户古村村民以农为主,兼营商事,手工业相当了得,是泽潞商人的重要组成部分。明清两际,良户古村村文风淳厚,经济繁荣,人才辈出,仅田氏一门就出了田逢吉、田光复、田长文三位贡进士和多位举子(图1-15)。康、雍、乾时期,良户古村发展到鼎盛,被称为清代高平"三阁老"之一的浙江巡抚田逢吉,晚年就居住在这里。所谓"阁老",唐代是指"中书舍人"与"给事中"之间的相互称谓。[1]明清时期,将内阁大学士称之为阁老,是人们对入阁官员的一种尊称。除良户古村田逢吉外,高平清代的另两位"阁老",其一是指伯方村的毕振姬[2],清顺治三年(1646年)中进士,曾任广西按察使。另一位是指孝义村的祁贡[3],18岁中举人,清嘉庆元年(1796年),20岁即中进士,曾任刑部主事、广西巡抚等职,鸦片战争后,接替琦善任两广总督。

图1-14 玉虚观须弥座题记

图1-15 田光复进士牌匾

良户古村田氏是泫西望族,分为前三门和后四门。始祖田春,二世田友,发展至三世分成前门与后门。前门始祖佚名。后门始祖田献,字主敬,号大梁。后门至四世,又分为四门。到了明万历十年(1582年),后二门五世田仿[4]长子田可久中举,任河南渑池知县,

---

1 "中书舍人"、"给事中"是指封建社会在皇帝周边做官的官名。
2 详见《高平县志》第570页,中国地图出版社,1992年。
3 详见《高平县志》第572页,中国地图出版社,1992年。
4 田仿为田宠之子、田献之孙,字时习,号南峰,生于明嘉靖癸巳年(1533年),辛于万历癸巳年(1593年),后二门五世孙。生有三子,田可贡、田可久、田可助,以子为贵,两次敕封文林郎。

田家从此开始发达。过了六年（明万历十六年，1588年），田仿次子田可贡又中了举人，任山东嘉祥知县。季子田可助也很争气，蜚声棘院，时称"河东三凤"。田仿以子为贵，两次被敕封文林郎。田氏前长门七世田钟玉[1]、田逢年[2]父子，后二门七世田驭相[3]、田光复[4]父子，后四门七世田安世[5]、田逢晨[6]父子，后四门七世田驭远、田逢吉父子等，或为举人，或中进士，或做官，或被敕封，均有时誉（图1-16）。最为突出的是田光复、田逢吉、田长文祖孙，一门三进士，名震泫氏。

图1-16 诰封田逢吉生母冯氏圣旨

图1-17 诰封田逢吉生父田驭远阑额

---

1 田钟玉为田可乐次子，字蓝天，清顺治二年（1645年）乙酉科举人。
2 田逢年，字雨若，贡生、廪生，顺治版《高平县志》编撰。
3 田驭相，字调鼎，号知我。明天启元年（1621年）恩贡，凤阳府经历，升四川饶阳知县。
4 田光复，良户村田氏后二门、八世孙，田驭相之子，康熙三十六年（1697年）进士，授山东兖州府邹县知县，补授四川直隶邛州浦江县知县，曾任巡按山西督理河东盐课都察院监察御史。
5 田安世，号锦波，监生。山东莱州府胶州同知。
6 田逢晨，田安世之子，字方升，生于清康熙三年（1664年），卒于康熙五十八年（1719年）。廪生，太学生。

据《田氏家谱》可知,田家后四门之所以能够中兴,与田逢吉父、七世田驭远有很大关系。田驭远字柔我,号廪生。生于万历丙午年(1606年),卒于康熙戊午年(1678年)。本为六世、前长门田可乐之季子,后过继给六世、后四门田可耘。田驭远"孝友天至,礼乐浑成,纯白不耀。内安其仁,明略通方;外多其义,垂芳著庆"。一生乐善好施,急人所急,"建阁建峰,文风由振,修埤修橹,里姓以安"。后以子田逢吉而贵,入乡贤祠,诰封通奉大夫,内国史院学士(图1-17)。作为地方士绅,田驭远一生布施甚多,良户古村及周边村庄的庙宇建筑,文峰塔以及上董峰村的万寿宫都为他发起修缮或修建。良户东边的寨上自然村,也称之为"蟠龙寨",便是他主持修建的最重要的堡寨。寨内的主院为田逢吉故居,因挂有"侍郎"匾额,也叫"侍郎府"。分布在侍郎府东西两侧的院落有东宅大院、西宅大院,侍郎府北侧则为田家后花园。从沟底向上仰视,可见城墙绵亘,城楼巍峨,有一座高三层的叫做"西阁"的砖石门阁,阁上镶有青石门匾,上有田驭远楷书大字"接霄汉",用以形容阁楼的崇高威严(图1-18)。

图1-18 田驭远主持修建的蟠龙寨

田逢吉[1],字凝只,号沛苍。生于明崇祯二年(1629年),卒于清康熙三十八年(1699年)。顺治乙未(1655年)进士,选翰林编修,累官内国史院学士,终于浙江巡抚任上。

---

[1] 田逢吉,顺治十二年进士、翰林院学士,历任康熙年间户部、兵部、工部侍郎,都察院右副都御使,经筵日讲官,浙江巡抚。

田逢吉五岁时，其父田驭远被流贼所执，用刀威胁，要将其杀害。田逢吉哭倒在父亲旁边，请代父死，贼被感动，终救父命。在翰林院时，戊戌分校，庚戌主试，所拔士如孝感、安溪、太仓、昆山、即墨、武进、猗氏、平湖诸公，先后成为当代名臣。任翰林院学士时，有人商议出谷贷民，秋成后少收其息。逢吉说："引与青苗法何异？恐反累民。""事获寝。奉使赈淮阳，奏请宽流亡禁，使逋逃者获随地收养，不致归本处乏食待毙，全活无算。及抚浙，适耿精忠变起，李制府之芳督师金衢，逢吉留会城治军务，早夜勤劬，以劳成疾，告归，卒于家"。[1]

田长文[2]，田逢吉长孙，康熙己丑进士，由教习升任镇海令。镇海为滨海地区，潮患较多。"请米千石，修筑捍水堤。堤成而完固，民永赖之。有三河水高于田，旧资灌溉，以久不浚淤，苦旱，用令民分段挑浚，未几通利，废壤复成膏腴焉。有言开荒荡田者，为条其害，力却之。有请税渔船者，为陈其苦，获免焉。署鄞县，岁荒请赈，劝弛海禁，招商贩运米，至者万余，价顿减而民以活。艰起还浙，署淳安，不逾时以疾卒"。[3]

田光复，字幼乾，田逢吉堂弟，生于清顺治十年（1653年），卒于康熙五十五年（1716年）。康熙三十六年（1697年）中进士。"早孤，孝事母。母欲复光大前人，承母志专精举子业，年五十始登第。令邹县，舆母之任。邹属冲邑，号难治，乃绝苞苴，严令甲，讼无冤民。时有水患，代民补租三百金。岁饥，详情赈给，不允。会总河道邹复哀请，得籍粟万石，民全活无算。流亡来归，复捐粟五百石，又给牛种，俾来春得力田，民以苏。艰归，起补蒲江，地瘠民稀，招徕拊循，民方接踵归乐土。而复猝然卒于官"。[4]

从明代中叶至清代中后期，良户村田氏人才辈出，在现存家谱中记载得较为周详。《田氏家谱》是目前发现的内容最为完整的谱牒，但田家自何时开始在良户定居，则没有确切的记载。《田氏家谱》前后修订三次：首次由良户古村田氏后四门、十二世孙田孝至修于清乾隆二十九年（1764年）；第二次由后二门、十四世孙田奇峰续修于嘉庆二十三年（1818年）；最后一次由后长门、十五世孙田耘畔再续于咸丰三年（1853年）。[5]其中记载了田家在良户村繁衍生息的300余年的历史，弥足珍贵。

---

1 引自清雍正版《泽州府志》。
2 田长文，田逢吉孙。清康熙四十四年（1705年）举人，康熙五十一年（1712年）进士，任浙江镇海令。
3 引自清雍正版《泽州府志》。
4 引自清雍正版《泽州府志》。
5 《田氏家谱》由笔者校注，列在附录中。读者如需深入研究良户田家，可以详见附录。

良户古村王氏的历史演进轨迹，相对较为清晰。据《王氏家谱》载："吾王氏系冯村里十甲城山人也"（图1-19）[1]。"城山"，即今日的原村乡陈山村，是当年高平县抗日政府的驻地。据《王氏家谱》"谱序"来看，良户古村王氏初居"城山"村，于明崇祯六年（1633年）寄居良户（图1-20）。说明良户古村王氏自明末清初始在此定居。王家以经商起家，"吾祖昔日贸易山东，至老而归"。[2]王家发展到六世，出了一位叫"王履吉"[3]的太学生，此人相当了得，捐职布政司理问。由于政绩显著，其祖王天禄被敕封为儒林郎。[4]王天禄，字尔俸，经商起家，是良户村王氏四世祖，生于清康熙丁酉年（1717年），卒于乾隆五十四年（1789年）。其父王增也被敕封为儒林郎。至此，王家由商转宦，社会地位显著提升。

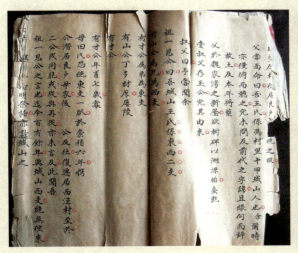

图1-19 《王氏家谱》序

图1-20 王氏祖先

良户古村是杂姓聚居的村落，乡民以农为本，以商为末，以仕为宗。中国封建社会，学而优则仕。乡民以商起家，以读书做官为生活目标，所以文人蔚起，英俊辈出。

---

1 引自良户村《王氏家谱》"序"。
2 引自良户村《王氏家谱》"重序"。
3 王履吉，字朝干，号洁泉，生于清乾隆四十二年（1777年），卒于道光六年（1826年）。太学生，嘉庆年间布政司理问。
4 所谓"儒林郎"，隋文帝所置官名，在八郎中位居第七。唐为文官第二十六阶，正九品上。宋正九品上。金正七品下，元从六品。元丰改制用以代节度、观察掌书记，支使，防御判官、团练判官。后定为第三十二阶。明从六品初授承务郎，儒生出身者升授儒林郎，吏员出身者升授宣德郎。清从六品授儒林郎，吏员出身者授宣德郎。

山|西|古|村|镇|系|列|丛|书

图1-21 郭家双进士院

良户宁家,从咸丰年间宁元忠中举开始,一直到民国时期宁相周考入黄埔军校工兵科第十七期,一直重视文教,在良户古村的地位也较为彰显。然而,良户村郭家的信息,至今仍然石沉大海,无处可得。查阅《高平县志》,村民称之为郭家"双进士院"的宅主人,并非"进士",何来"双进士院"?若从该院"北堂房"的花梁来看,"北堂房"创修于清嘉庆二十二年(1817年),宅主人"郭桡"也仅为太学生(图1-21)。再查阅县志,郭镐,字允器,号东溪,处事。郭抒荩,儒林郎吏部候选布政司经历。独不见"双进士院"的宅主人"郭桡"的蛛丝马迹,不得不慨叹,良户古村的历史,真乃一团迷雾,让人读得不很轻松!

四、诗意栖居持福地

良户古村属于高平市西部丘陵沟壑区,自然条件得天独厚,三面环山,一面临水。村落北部有凤翅山、相公山;南部有双龙岭、虎头山。地势北高南低,西高东低。历史上,良户村水源充沛,东沟河自蟠龙寨之东流出,成为其自然的屏障。寨沟河自凤翅山,流经良户和寨上之间,经村东汇入原村河(明公河)。西沟河自凤翅山经村西流入原村河。原

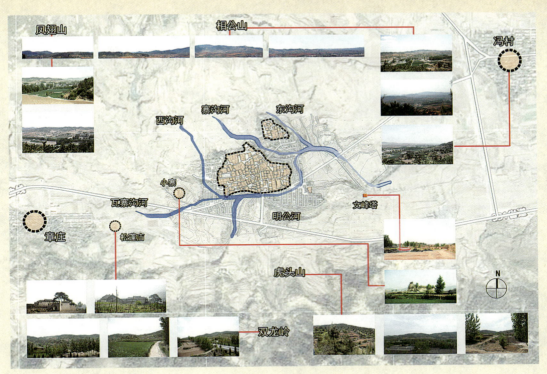

图1-22 良户村周边环境示意

村河（明公河）从西向东横贯全境，折向许河，汇入丹河（图1-22）。

历史上，高平是著名的煤、铁、绸产地。明代时，朝廷对潞绸的需求很大，仅高平县就有织机5000余台，所产丝绸均列为贡品。清代乾隆年间，高平岁贡大绸38匹，小绸114匹，并代凤台、阳城、陵川、沁水织绸，百姓负担很重。清末，高平所产的丝织品种类更为丰富，产品经云南、新疆远销国外。[1]古上党地区，世代以食用解盐为主，经过良户、交河、南关坪，通往沁水的千年古道，是前往河东的古运盐商道。良户村是高平西部规模较大的村庄，东来西往的贩盐商队，均以良户村作为主要的驻足地，商人在往返良户的过程中，带来了外来的文化，促进了文化的交融，造就了良户古村兼容并包、开放大气、多元复合的文化形态。

良户古村地下煤炭资源丰富，可烧制砖瓦；地面多砂石，可用作建筑物的基础构件；

---

1 详见《高平县志》第164页，中国地图出版社，1992年。

山|西|古|村|镇|系|列|丛|书

图1-23 处于凤翅山、相公山、双龙岭之间的良户村

西部山区生长着大量原始森林，可作为木结构建筑的大木用材。独特的自然地理环境，为良户古村的历代建设，提供了较好的资源条件。祖祖辈辈的良户村民，诗意地栖居在古上党大地上，千年古村创造着多元独特的文化，承载着中华民族五千年的文明。良户古村负阴抱阳、四河汇水，资源条件较好，是一处产生于农耕文明背景下的、较为理想的人类聚居地（图1-23）。

良户古村乡民，生活自给自足。据老辈人讲，过去不出村子，就能解决基本的日常生活用品。在古村的东街、西街两侧，旧有商铺、丝绸布店、杂货店、铁匠铺、当铺、染坊、榨油坊、木匠店、估衣店[1]等（图1-24）。当地人现在仍然保留着加工金银首饰，打铁倒铝的手艺，俗称小炉匠。村中古老的手工业较为完善，铁匠、铜匠、银匠、木匠、瓦匠、纸匠等行当一应俱全，构成了古村乡民生活起居的优良条件（图1-25~图1-27）。从良户村玉虚观须弥座题记来看，历史上古泫氏的能工巧匠，代有新人。完成于金大定十八年（1178年）的玉虚观须弥座题记显示，石匠赵琮、赵进均为北赵庄人士，是建造玉虚观的石工，其用材之娴熟、技艺之精湛，令人叹为观止！事实上，高平的能工巧匠的确很有能耐。高平有句歇后语："张壁石匠，冒圪断"。"冒圪断"是当地俗语，即试试看。相传，张壁村有位

---

1 估衣店，经营旧衣服或原料较次、加工较粗的新衣服店铺。

图1-24 良户古村商业作坊一条街

图1-25 刺绣

图1-26 纸艺

图1-27 编织

石匠，心灵手巧，寡言少语，以给别人打石碾、断石磨等日常石用品为生。有人让他打个石娃娃，他说冒圪断吧！但总能把石人、石狮、石马、花草等打造得惟妙惟肖。后来，朝廷要造逍遥宫，"冒圪断"被逐级推荐上来。有人出难题，让他打个石算盘，他说冒圪断吧！又让他打造个狮子，他说冒圪断吧！即便是怀孕的母狮子，他也能打造得活灵活现，遂被选为建造逍遥宫的石工总监。[1] 尽管传说是如此神乎其神，却也侧面说明了高平的匠师的确有两下子。所以，人们为良户古村的雕刻艺术深感震撼，也就不足为奇了。

良户古村的非物质文化遗产非常丰富，儒、释、道、天、地、人，既有原始崇拜，也有

---

1 详见《高平县志》第519页，中国地图出版社，1992年。

宗教信仰。每年的正月十七为祭祀祖先、神灵，还有娱人娱己的闹社火的节日，从元宵节开始就陆续开展跑故事、唱大戏等娱乐活动。最热闹的时候还有跑旱船、推小车、舞龙舞狮、跑马、跑驴、踩高跷、九莲灯、打铁花、划旱船等（图1-28、图1-29）。除八音会[1]等流传于晋东南地区的文艺形式外，该村的"白爷"崇拜、"街道士"表演，很有地方特色，呈现了文化的多元性。民间社火节中反映的"街道士"和"散路灯"，类似原始人的傩戏，始自何时流传下来，已难考证。良户的习俗中，也有许多与他方迥异之处，如晚上结婚、开锁，正月十五和端午节吃粽子等，可能是古老的风俗遗留。农历七月十一的庙会，正逢夏秋之交的农闲季节，附近十里八乡的村民多数举家前往良户，周边村落的社首都来送礼相贺，或来赶会看戏，或购买日常生产、生活用品，热闹非凡。九月十三是大王庙会，其活动内容主要是搭台唱戏，产生于农耕文明的良户古村，积淀深厚，承载着独特的文化（图1-30、图1-31）。

图1-28 舞狮子

图1-29 跑驴

图1-30 丰收

图1-31 老人、阳光与狗

---

[1] 在古上党地区流行最广的音乐组织和音乐形式，因古代把"金、石、丝、竹、匏、土、革、木"称作"八音"而得名。

[第二章]

聚落格局
JULUOGEJU

一、古村演进史久远

　　良户古村地处晋东南地区，古称上党，是雁赵文化与中原文化交互影响的区域。上党，"地极高，与天为党，故曰上党"。另有解释，"壁仞千丈，邻接上苍，与云为朋，以天为党"。[1]历史上，良户村虽然地处偏壤，但交通还算方便。民国初，由高平经过老马岭通往沁水的道路有两条，大道走唐安古寨，小道可走良户。西达临汾、运城，远至陕西。从其村落结构、街巷格局、建筑空间、院落形式、结构类型、装饰风格等方面来看，良户古村无不体现着中国农耕社会的理想聚居模式。众多资料显示，其历史演进轨迹，由西向东、由北向南发展。村落先有小寨，后有良户主村，再有蟠龙寨，依次生长（图2-1）。

　　良户古村现由良户、寨上两个自然村组成，从西北向东南梯度倾斜，东西较长，南北叠落。古村山环水绕，择吉而居；脉络清晰，格局完整；景观连续，错落有致。良户古

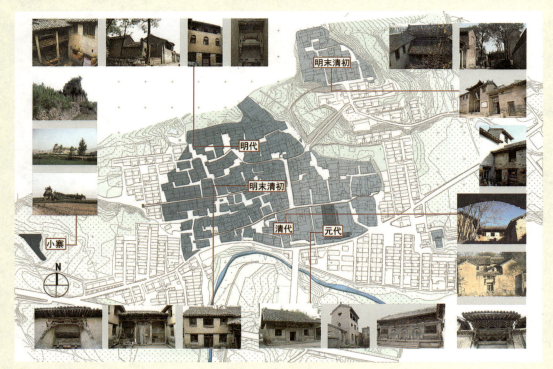

图2-1 历史演进示意图

---

1 引自狄子奇《国策地名考》。

村的组成要素可以概括为"一村"、"二寨"、"三湾"、"五街"、"六井"、"八阁"、"九巷"。"一村"是指良户古村;"二寨"是指小寨和蟠龙寨;"三湾"是指村西拐弯,村东南南湾和村东北北湾;"五街"是指良户古村的正街、东街、西街、太平街和后街;"六井"是指蟠龙寨西宅门前水井、东圪塔巷赵家门前水井、南场巷水井、祖师庙前水井、九子庙前水井和十字路口高家门前水井,这些水井分布合理,深15米左右,用辘轳提升,供全村人畜饮用;"八阁"是指良户古村的三官阁、关爷阁、白衣阁、文昌阁、六宅阁、后垅阁、鼓楼阁和西阁;"九巷"是指良户古村的抱厦底巷、东圪塔巷、西圪塔

图2-2 豆腐磨

图2-3 面磨

巷、河坡巷、鼓楼巷、六宅巷、后垅巷、南场巷、南楼圪洞巷共9条巷道,总长度千余米。古村寺、观、祠、庙、民居等古代建筑遗存丰富,各种生活、生产设施布局完善,构成了聚落完整的物质结构和精神意识形态(图2-2、图2-3)。

良户古村冬冷夏热,地形起伏较大,由于受到流水切割,梁峁相连,形成了许多台塬沟壑地貌。小寨、良户、寨上分别位于三个不同的台塬上,相互之间以季节性冲沟为分界。三面环山,一面临水的地理环境,使得多数建筑采取南向布置,以便争取更多的阳光,规避冬季西北风的侵袭。从小寨、鼓楼阁遗址来看,良户在历史上经历了多次重大的变迁,但由于证据不足,已经无从考证。从现存的唐槐看,至少在唐宋时期,该村业已发展成为规模较大的村落。村里留下的最早建筑,始建于元代至元十六年(1279年)的玉虚

观。从李俊民[1]撰写的碑记看，当时的良户叫做"梁村"，村民"申志谨"为全真教门徒，精于方术医药，玉虚观的正殿、东西云堂及前殿均由其所创建。从正殿的须弥座来看，"题记"记载该基座为金大定十八年（1178年）之物，比玉虚观的创建足足早了101年。金元时期，道教盛行，村民认为玉虚观是由早前的佛寺改建而来，不无道理，说明良户村的确是千年古村无疑（图2-4）。明代时，良户古村有了较大的发展，现存较早的遗物有田家阁子院（1584年）、李家院（1603年）、高家院（1615年）、九子母阁壁记（1622年）等。蟠龙寨创建于明末清初，双进士院则为清代中后期。据此，大致可以反映出良户古村的演进轨迹（图2-5、图2-6）。

良户古村最主要的文化是耕读文化，其中还贯穿着商贾文化。从良户古村鼎盛时期最大的田、郭两家宅院来看，田家世代为官，院落的格局、秩序相对严谨，建筑等级明确，装饰适度，相对质朴。而从经商起家的郭家来看，院落的格局、等级并不像田家那样拘

图2-4 鸟瞰玉虚观

---

[1] 李俊民（1176—1260年）字用章，自号鹤鸣老人，泽州人。少习二程理学，承安间以经义举进士第一，中状元，弃官教授乡里，后隐居嵩山。金亡后，忽必烈召之不出，卒谥庄靖，留有《庄靖集》。

图2-5 良户村沿河建筑群

图2-6 双进士院后院

图2-7 附近交河村民居

图2-8 良户村民居

谨，布局相对自由，装饰华丽精美，堆砌感较强，较田家的官宦宅院花样繁多。良户古村是在厚重的自给自足的自然经济背景下成长起来的，自然经济赋予它内向、稳定的结构体系。明末清初，乡民逐渐有了丰富的收入来源，家族之间经济实力的差异，导致良户古村民居建筑出现了非常明显的梯度分布。可以看出，整个良户古村以田、郭、李家的宅院，规模最为宏大，装饰最为精美。而后期兴起的宁、苏、王等他姓家族，除购买没落的田、郭两户的宅院外，自行新建的院落，从许多方面都略逊前者一等。再从周边村落来看，良户古村的建筑质量，远远优于周边村落，当地民谚："有女要嫁良户村，砖包楼房狮子门"，充分反映了这个特点（图2-7、图2-8）。

在宗教方面，良户古村则保留了更多的原始性，呈多神崇拜，反映了人与自然之间的关系和矛盾。乡民面对自然界的各种灾害，以及社会生活中的生老病死，无能为力，处于一种非常软弱的状态。宗教信仰恰恰给了他们勇气和力量，这种多元的宗教意识，影响着村

山｜西｜古｜村｜镇｜系｜列｜丛｜书

图2-9 位于东圪洞巷的奶奶庙遗址

落的规划布局（图2-9、图2-10）。良户古村分布有各种庙宇，家家设有神龛，供奉天地诸神。在儒家思想中，家庭观念很重，体现在建筑上，就形成了以家庭为单位的、对外封闭的合院式格局。祖先崇拜是多元崇拜的核心，祭祖对于良户古村村民来说，是重要的祭拜活动和仪式，通过复杂而隆重的祭拜仪式，表达着他们对祖先的敬仰、思念和崇拜，巩固了家族的凝聚力和向心力。良户村的民间信仰、所祀的对象种类繁多，有着突出的功利性。与信仰直接相联的禁忌，更多地影响了居住的空间形态。诸如建宅的择地、开工、上梁、合龙口，以及建筑入口位置的选择等，都是民众趋吉避凶、利己思想的体现。

图2-10 建于明万历十四年的皇王庙

明末清初，泽州高平一带殷实富有，引起了陕西流民武装的觊觎和侵略。这股流民武装，先后在晋城盘踞达数年之久，给当地人民带来了深重的灾难。田氏族人饱受劫匪侵略之苦，在田驭远的带领下，举全族之力，开始经营修建居高临下、易守难攻的蟠龙寨，终于在清康熙年间建成。蟠龙寨曾成功地阻止过小股劫匪的进攻，实现了全族结堡自卫的目的，保证了田氏族人的生命财产安全（图2-11~图2-13）。

图2-11 从蟠龙阁看蟠龙寨

图2-12 蟠龙寨防御分析图

图2-13 蟠龙寨东门蟠龙阁

二、街巷纵横骨架网

　　道路系统是聚落的骨架，聚落的空间结构往往是由道路结构组成的。良户古村的街巷决定了整个聚落的形态结构。街巷包括街与巷两种形式，街较宽，可以容纳许多人在其中进行一些公共交往活动。而巷较窄，仅起到分散人流的交通联系作用。良户古村的巷子既是辅助的交通道路，又是泄洪的水道。良户村分布有正街、东街、西街、太平街、后街，抱厦底巷、东圪洞巷、西圪洞巷、河坡巷、鼓楼巷、六宅巷、后垅巷、南场巷、南楼圪洞巷等，大小14条、纵贯东西南北的街巷。这些巷道保存比较完整，皆用砂石铺砌。街道两旁，建筑鳞次栉比，门楼显赫，古匾斑驳，具有一种久违了的尘土气息（图2-14）。

　　寨上村则由一处保存相对完整的堡寨聚落组成，主要街巷沿堡墙和院落环状分布。蟠龙阁为东门，三层，顶层既可瞭望，又有神庙，防卫祭祀两不误，当年门外设有瓮城，易

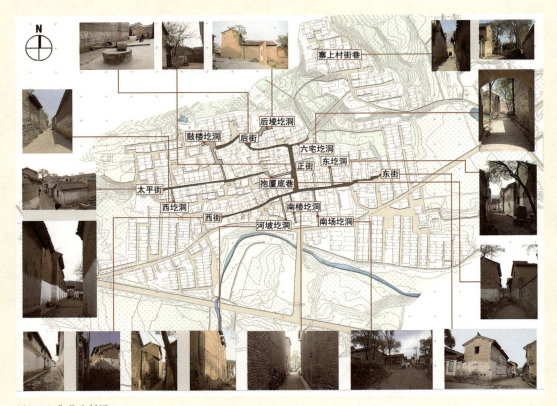

图2-14 街巷分析图

守难攻。西阁为西寨门,也为三层,上书"接霄汉"三字,形容城府巍峨。两阁分别位于东西向的街巷两端,互成对景,颇具特色(图2-15、图2-16)。在侍郎府的东西两侧,分别设有南北向的巷道,解决日常的出入问题(图2-17)。

图2-15 从蟠龙阁看西阁

图2-16 从西阁看蟠龙阁

图2-17 蟠龙寨西街

　　良户古村人至今有个说法,"明代的商"、"清代的官",意思是说该村乡民在明代时经商的多,到了清代做官的人较多。事实上,良户古村的东西大街自古以来就是一条商道,在从高平出发,经过沁水、侯马、西安等地方的小道,沿途会经过这条古街。旧时,村中这条古街道东至皇王宫,西至老唐槐。古老的商业街区,沿街开设有典当行、饭铺、理发铺、酒馆、更房、盐店、肉铺、金银首饰加工店、炼银楼、板店、日杂店、丝织店、烟酒店、药店、染房、醋房、粉房、豆腐房、磨房等。这条商业街区的现存建筑大多创建自明代万历年间,可见明代时该村商业的繁荣和昌盛。

　　良户古村东街,从牛家西院白衣阁至皇王宫上庙,全长约167米。东街是商业街,许多作坊店铺都开在这条街上,现遗存较好的商业建筑有当铺院、估衣店。东街还是良户庙宇最多、最集中的街巷,分布有玉虚观、关帝庙、白爷宫、皇王宫等多处保存较为完好的庙宇或遗址。旧时东街还有良户古村主要的村落出入口文昌阁及田家功德牌坊一座,惜今已无存,只留文昌碑记可考(图2-18)。良户古村西街,从板店院东牛王庙到西头老唐槐,全长约215米。西街北侧以民居为主,现存风貌较好的民居有郭仕直前院、郭仕直后院、郭仕直西院、李家院(郭仕直东院)、高家院、邵家院、罗家院等多处院落。此外,西街上还设有两个村落的出入口,即三官阁和关爷阁(图2-19)。良户古村正街为南北走向,北有真武庙(祖师庙),南有观音堂,全长约100米,是良户古村的中轴线。正街也是良户古村的商业街之一,旧时的宽度只有1.5~2米左右,两旁多为商业店铺,后来随着街道的扩建改造逐渐变宽,现已无旧日的景象,但商业性质仍在,且由于街道变宽,加之南端的观音堂拆成一片空地,正街已经成为良户古村的开敞空间,是村民的公共活动场所(图2-20)。从九子庙开始到西圪洞西阁口,为良户古村的太平街,总长度约220米。太平街为东西向,过去南北两侧主要以田家的院落为主,现在遗存较好的有田家院、李家院、王家院、袁家院等。此外,在田家院南侧还有戏台遗址。太平街的西端为良户古村的村口,建有西阁,现改称为白衣阁。良户村最早的街道当属后街,后街始于六宅阁,穿过扶风阁,直达鼓楼阁,全长约100米。遗存较好的历史建筑有田阁老出生的阁子院,原属阁子院前院的苏家院,以及阁子院后院、秦家院、宋家院等(图2-21、图2-22)。

图2-18 东街

图2-19 西街

图2-20 正街

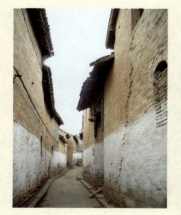

图2-21 后街1

图2-22 后街2

  良户村中，抱厦底巷、后垅巷、六宅巷为东西向的小巷，东圪洞巷、西圪洞巷、河坡巷、鼓楼巷、南场巷、南楼圪洞巷均为南北走向。其中，抱厦底巷是良户村最短的一条街巷，全长约42米，旧时与下西街相连，现与太平街相接（图2-23～图2-26）。

  根据街巷的演进规律分析，良户古村的发展，前期属于自发性的，后期则属于理性的自觉阶段。先有房屋后有街道的演进模式是在非严格的秩序中发展而成的，是自然生成而不具理性的。先有街道后有房屋的演进模式，则是理性的秩序与风水观念的综合作用，

图2-23 抱厦底巷　　图2-24 六宅巷　　图2-25 东圪洞巷　　图2-26 马家圪洞巷

构成了巷道的形态。从对良户古村街巷状况的分析中，我们既可以感受到理性的秩序感与风水观念的影响，也可以感受到自然的、非理性的精神。田姓族群由外地迁址良户村，在院落形成同时，形成了良户古村最早的街道即后街。在这个层面上，是先有房屋后有街道的演进模式。随着村落规模的扩大，真武庙和观音堂相对而成的正街，成为良户村的主轴线，正街也就成为良户古村的主要街道。在这里，是先有街后有屋的演进模式。随着聚落规模的逐渐扩展，住户密集程度的提高，沿明公河的等高线逐步出现了第二层次、第三层次的院落，村民之间的交往成了主要的问题，出现了与主要街巷相联系的巷道，良户古村的街巷网络也就成为相对发达的系统（图2-27、图2-28）。

 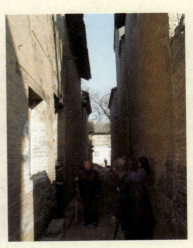

图2-27 南场巷　　　　　　　　　图2-28 南楼圪洞巷

良户古村的街巷空间宽窄不同，富于变化。街巷空间的转折，强迫人们改变行进的路线与方向，这些都是形成标志性与识别性的重要手段。良户古村由沿明公河方向的东西街、太平街、后街形成联系整个古村的三条主线，所有的小巷和院落围绕这条主线展开。真武庙和观音堂形成的正街，是良户古村的脊梁，也是村落的主轴，整个村落都以正街为中心，展开布局。通过对良户古村街网的分析可以发现，这里没有一条街巷是笔直的，而是以曲线与折线为主，这种情况在古村落中，是较为常见的。任何一个村落，都有一个自然的生长过程，其发展轨迹，也是以自我繁衍和小规模的家族迁徙为主，所以村落的形成时间较长。良户古村是依山就水而建，建筑和街巷也是因地就形而成。与直线形的街道相比，曲线与折线形的街巷，景观作用显著。在曲线与折线形的街巷中，街巷的一个侧面急剧消失，而另一个侧面则得到充分的展示，它所呈现的景观是随着视点的移动而逐一展开的。当街巷中有一个突出的视觉中心时，这种视觉感受更加丰富，从而使街道两侧的建筑经常处于相对的变化之中，这种变化给人留下的印象往往十分深刻（图2-29）。良户古村的巷道从形态上看比街道更窄，是一种封闭、狭长的带状空间，且出于防卫与安静的考虑，界定巷道的界面一般都是建筑的山墙与后墙，这样巷道空间就呈现出一种极其狭窄与封闭的带状空间形式。从村落入口到巷道空间，再进入院落，是一个完整的序列空间。在这个序列中，从开敞的自然空间进入人工界定的越来越窄的街巷空间，伴随着空间形态的

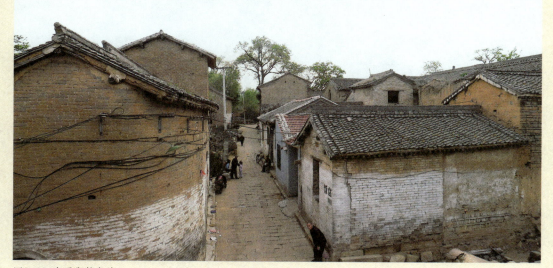

图2-29 太平街转角处

图2-30 东圪洞巷道路交汇处

图2-31 西街屋顶变化

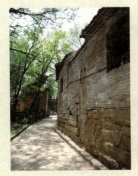
图2-32 富有活力六宅巷

图2-33 设台阶的巷道

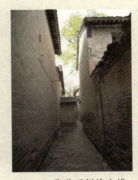
图2-34 巷道两侧排水槽

图2-35 泰山石敢当

变化,空间的性质逐渐发生改变,其公共性逐渐减弱,私密性逐渐加强。良户古村的巷道空间不受外界的干扰,故而获得了静谧的居住环境(图2-30)。

良户古村巷道景观的构成,主要体现在以下几个方面。

依靠屋顶坡度、高度的起伏变化形成优美的天际线(图2-31)。通常出于安全的考虑,山墙不开窗。在南北走向的巷道中主要靠大面的实墙与各种式样的门形成虚实对比。在东西走向的巷道中,有的建筑二层后墙开有窗户。在阳光的照耀下,光影随着时辰的变化而呈现出不同的形状,使巷道空间富有活力与生机(图2-32)。由于整个聚落建在坡地之上,与等高线平行的巷道一般不存在高程的问题,但是与之垂直的巷道便不可避免地存在高程的变化。这样,巷道就有平面的曲折变化与高程的变化三个维度的变化,使巷道的空间景观变化更为丰富(图2-33)。这些巷道既有高程的变化,形成丰富的视觉效果,墙面又有虚实对比,还具有连续的、起伏丰富的屋顶天际线,同时兼具排水功能,成为良户村最具特色的巷道景观(图2-34)。此外,在巷道中还有一些禁忌,如大门不对巷口,巷

不对巷。大门都要躲开巷道之口,避开冲巷之处,从功能上讲是避开喧闹的巷道,其背后则是隐藏着风水理论的祸福吉凶,所以均作错开的处理(图2-35)。

三、公共空间配套全

  良户古村是中国农耕社会时期,具备完整公共空间的聚落公共体。这里所说的公共空间,是指聚落中除居住空间之外,其他构成聚落场所的一切要素,包括聚落的节点、路径、边界等公共领域,既有公共交往属性,也有共同防卫功能,是组成聚落社会公共体必不可少的公共要素。聚落是一个集合体,不同于单一的民居建筑,是形成一定规模的满足乡民生活、生产活动的集合体,必然会体现出人与人之间的社会交往属性。也就是说,在聚落中应该有专门的公共场所来适应公共活动的要求。

  历史上的良户古村,公共服务系统非常完善。水井、打谷场、作坊、商铺、递铺、私塾、庙堂、更房、戍楼(村民称阁)等,服务于生活及农业、商业、手工业、教育、民间信仰以及防卫功能的公共设施,遍布全村,是与我国农耕社会自然封闭、自给自足的经济模式相适应的典型聚落。

  庙宇、楼阁等公共建筑是良户古村的象征,反映了当地村民之间的血缘联系、地缘关系和业缘关系。"至诚之道,可以前知;国家将兴,必有祯祥;国家将亡,必有妖孽;见乎蓍龟,动乎四体。祸福将至。善,必先知之;不善,必先知之,故至诚如神"。[1]良户古村的公共建筑名目繁多,用途迥异,含义也各不相同,但总的来讲,都是供乡民集体活动的具有某种特殊意义的公共场所。它们既是沟通各家以及联系整个村落的重要元素,也是血缘、地缘关系,宗教信仰情感、社会交往习俗的物态载体,同时还在某种程度上制约着古村形态的景观特色。"神"的崇拜在良户古村广泛存在,然而在任何一个区域中都不具备唯一性,人们的选择倾向于随机与随意,是一种"多神崇拜"。人们的需求总是多方面的,在生活有了基本的保障之后,就会产生各种新的追求,如希望保佑身体健康,无病无痛;希望金榜题名,功成名就;祈求商路顺畅,财源滚滚;渴望人丁兴旺,家族昌盛。神灵涵盖了生活的各个方面,从寺庙供奉的内容上看,良户古村既有"一神一庙"的庙宇,

---

[1] 引自《中庸》。

也有"数神一庙"的空间格局，即在一座庙中供奉两位或两位以上的神灵。尽管从类型上来看，这些建筑或许没有成熟到具有自己独特形制的地步，且较之于居住建筑，也只有房屋的大小之分，没有建筑的性格之别，但如果从其产生和发展的过程来看，则无论是在功能上、形态上，还是在精神上和观念上，都具有举足轻重的控制和支配作用以及特殊的场所意义。在众多的公共建筑中，祠堂、村庙和戏台是良户古村最为常见、最为典型的公共建筑，这些建筑不仅为孤立、封闭的乡村进行有限的社会交往提供了不可取代的公共场所，也是当地民俗风情、生存方式以及建筑技术水平与艺术水平的集中反映（图2-36）。

图2-36 公共场所分析图

明末清初时期，地处沁河、丹河流域的晋东南地区，流寇纷扰，社会动荡，百姓纷纷结堡自卫，用以保护生命与财产的安全。这一时期，在不少自然村中，产生了许多独具特色的、与以往形式迥异的堡寨聚落。堡寨设有堡墙、堡门、敌楼、水井、粮库、地道等满足战时需求的必要设施，其中最有特色的建筑物，当属敌楼。所谓敌楼，是指在堡寨中突

兀而起的高耸建筑，具有瞭敌、观望、预警之功能，一般常用砖石砌筑，三层最为普遍，高者直达五层。为了满足心理防卫的要求，楼上常常建有神庙，战时作为守护神奉祀；和平时期，作为节日来临的娱神场所。对于敌楼的称谓，因地而异，有叫"御楼"的，也有叫"豫楼"的，但在高平，更多称之为"阁"。[1] 这一叫法非常特殊，也许是和平时期百姓的美好祈愿吧（图2-37、图2-38）。

历史上，良户古村称之为"阁"的建筑物很多。除"扶风阁"和"观澜阁"外，仅良户主村，可以确认的就有三官阁、关爷阁、白衣阁、文昌阁、六宅阁、后垴阁、鼓楼阁、西阁八座阁。寨上村虽然规模不大，但也有"蟠龙阁"和"西阁"两座

图2-37 良户古村白衣阁

图2-38 蟠龙寨西阁

图2-39 扶风阁

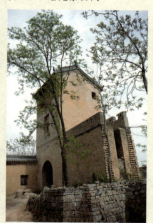

图2-40 蟠龙寨蟠龙阁

阁，且保存完整，风貌独特。一般而言，"阁"往往建在村口、村门之上，是村落领域的标识，但也有建在古村节点部位如街道转折处的，用以作为街区的标志（图2-39、图2-40）。

历史上，良户古村各类庙宇众多，共计22座。因年代久远，有的庙宇受到自然和人为的双重损坏，现已不存，仅留遗址。这些庙宇分布在村里和村外，其中村周边的庙宇有位

---

[1] 关于"阁"，据《古汉语常用字字典》："用木材架于空中的道路"。现指类似楼房的建筑物，供远眺、游憩、藏书、供佛之用。

图2-41 皇王庙前的龙凤树　　　　　　　　　　　　图2-42 破损严重的金龙大王庙

于村西南的皇王庙,该庙建于明万历十四年(1586年),以明代的龙凤树著称,也叫"松篷庙"(图2-41)。在古村的东南方向,有"金龙大王庙"和"文峰塔",文峰塔位于大王庙坡下河东南侧,底层为石质,上面为砖砌,九层,为泫西胜景,现已不存。大王庙格局完整,但破损较为严重(图2-42)。

古村的西南方向有座山叫双龙岭,原建有"龙王庙",规模宏大,有八角池、看河亭等建筑,为乡民祈雨之处,现已不存。村西有"汤帝庙",西北有"石泊庙",西南边进村口有"山神庙"[1],西街向南村口下河坡处有"三官庙"[2],寨上村有"佛堂庙"。上述庙宇,除皇王庙和金龙大王庙外,现均已不存,但依迹可寻。

良户古村的三官庙,过去非常著名,村民们称其为菩萨殿,也可称之为玉皇殿,这符合上党地区民间信仰的风尚。三官信仰,源于原始宗教中对天、地、水的自然崇拜。在早期道教中,"三官"是十分显要的神明。具体来说,三官的功能是:天官赐福,地官赦罪,水官解厄。因其与人之祸福荣辱密切相关,故而受到村民的崇拜。玉皇大帝,则

---

[1] 山神庙,原本是古人将山岳神化而加以崇拜的一种祭祀场所。从山神的称谓上看,各种鬼怪精灵皆依附于山间,山神崇拜极为复杂。
[2] 所谓三官是指天、地、水三官。天官大帝降生唐尧,掌天文,主持赐福;地官大帝化生虞舜,制地理,主持赦罪;水官大帝育生夏禹,治水利,主持解厄。在山西,村村皆建"三官庙"。

图2-43 魁星楼

图2-44 药王庙

是中国民间信仰中的最高神。他的全称是"昊天金阙至尊弥罗至真玉皇上帝",简称"玉帝",总执天道。他本来是道教的尊神,但在一般人的心目中,玉皇大帝是儒、道、释三教合一的神国世界中的帝王神,拥有至高无上的权力。

  位于村里的庙宇分布均匀,尤以古村东部最为集中。从东往西依次有皇王宫、关帝庙、白爷宫、文昌阁、魁星楼、玉虚观、药王庙等,其中文昌阁已毁,其余庙宇保存较好(图2-43、图2-44)。在良户古村的主轴,正街的南北两端,有两座庙堂。位于南端的观音堂,坐南向北;位于北端的真武庙,坐北向南,村民称之为祖师庙。两庙之间有水井、更房、板店。良户正街是村落的中心,所以给予北真武、南观音最高等级的待遇。在正街与东西大街交叉口的东段,原有白衣阁,用来供奉白衣观音大士,后将此庙迁建于太平街西口,今称白衣阁。过抱厦底巷,在与太平街的交结处,有九子母阁,旁有九子庙,村人称之为奶奶庙。该庙创建于明天启二年(1622年),由田家发起,在袁家捐出的土地上兴建。此外,在良户古村的东边有土地庙,正街西南侧有牛王庙,东圪洞巷有奶奶庙。良户古村的庙宇之多,充分说明民间信仰的广泛性。

  戏台是聚落中重要娱乐性质场所。在传统的祭祀中,除了要向神灵供奉各种食物器皿,还要把令人赏心悦目的戏曲供奉出来,用以迎接神灵的降临。

  一般来说,戏台与村庙是不可分割的,作为村庙的一个重要组成部分,常位于正殿的对面。良户古村最主要的公共戏台有三处,一处是大王庙内的戏台,是典型的村庙戏台形式，具有明显的上党戏台特色，梁架为五橼栿对前栿，木柱歪斜，台基为须弥座，柱础雕刻细腻，其上有精美的仙鹤、瑞兽等，纹饰秀丽，造型精美。斗栱用材较小，繁缛华丽。墙壁上有题记，记载着清初演戏的盛况。据百姓相传，民国时期，由于演了一场《水淹泗州》的戏，村里的煤矿发生了透水事故。虽为传说，却是关于煤矿安全事故的较早纪录。大殿屋顶为悬山顶，举折陡急，灰陶屋脊，筒板

图2-45 皇王官戏台

图2-46 田家戏台看楼

瓦铺制，使整座庙宇显得古朴秀丽。另一处是玉虚观东侧的戏台，此戏台具有极高的艺术价值，惜已被毁。还有一处，位于皇王宫正殿对面，下设山门，上置戏台，很有特色（图2-45）。

　　良户古村还有两处私家戏台，都在太平街，分别是田家和王家的戏台。相传，旧时家中女儿未出阁，是不能到公共戏台看戏的，所以便有了私家戏台的出现。唱戏时，将太平街上戏台两侧的阁门关闭，形成一个戏台与院落倒座围合成的空间，小姐们就站在倒座二层，向外观看演出。这两处戏台均已损毁，但遗址尚存，具有极高的研究价值（图2-46）。

　　除此之外，良户古村原有的六处古井，布局合理，可供全村的人畜用水。村中大户人

家设有私塾、书院，满足后代的教育需求。在古井旁、古树下，空间设置开阔，是村民信息交换的场所。综上所述，良户古村的公共设施完善，是一处非常理想、充满诗意的人类栖息地。

四、聚居格局意悠长

良户古村在明公河北岸依山势而建，因地势而错落，具有较好的景观环境和独特的生态环境。民居院落保持了良好的朝向，村落的布局、宅院的组织与山水呼应，形成了较好的排水条件（图2-47）。

良户古村背靠凤翅山，起伏绵延，构成了"觅龙"之势，达到了"负阴抱阳"、"背山面水"的目的。凤翅山与老马岭形成"察砂"之势，起到了收气挡风的目的，南面双龙岭构成"朝山"的"砂势"。明公河蜿蜒穿过村前，构成了村落的中心纽带，形成了"观水"之

图2-47 良户村西鸟瞰

势。东沟河、寨沟河和西沟河汇于原村河，形成"四河汇水"之形势。良户古村不仅符合传统风水理论中对选址的基本要求，还是一处产生于农耕文明背景下的相当理想的人居聚落。此外，还有吉祥文化隐藏在各处宅院之中。门楼，门墩，照壁，房檐，屋脊，门窗等处雕刻装饰，充满喜庆吉祥的气氛，表达着人们对未来生活的美好愿望（图2-48、图2-49）。

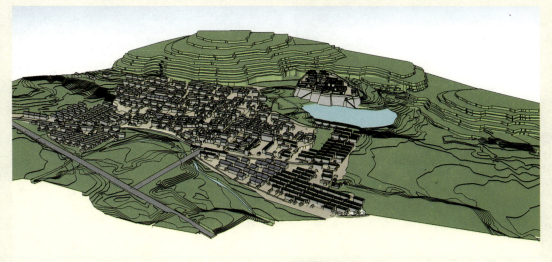

 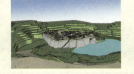  

图2-48 良户村写意图

图2-49 良户村全景图

从聚落形态上看，良户古村形似凤凰。双进士院为其头，东西街为两翼，阁子院为其尾。相传在阁子院后院旁，曾有田家后花园，内有两排白果树围院，乃为凤凰尾翼。从聚落结构上来看，由真武庙与观音堂形成的正街是良户古村的中轴线。东街、西街、太平街、后街、六宅巷、后垴圪洞、抱厦底巷七条东西向的主街巷，加上南北向的东圪洞巷、西圪洞巷、南楼圪洞巷、南场圪洞巷、河坡巷、鼓楼巷、马家圪洞等七条南北向的巷道，编织构成了良户古村的道路格局骨架。大量完整而集中的民居院落有序地排列在街巷两侧，与街巷一起构成了村落的基底形态。三官阁、关爷阁、白衣阁、文昌阁、六宅阁、后垴阁、鼓楼阁和西阁等，分别成为良户古村的主要出入口或街区标志，是村落防御功能的重要组成部分。良户古村民居院落形制多样，规制明显，有北方典型的三合院、四合院，也有晋东南地区特有的棋盘院，规划严谨，秩序井然（图2-50）。

在良户古村的东北方，有一高地，坐北朝南，东、西、南三面临崖，只有北面和土岗相通，地理位置极为险要，易守难攻，其上有一古寨，即蟠龙寨。蟠龙寨也叫"寨上"，现为自然村，属良户村管辖。寨上与良户主村隔河相望，河水流向寨南的天然深水池。由

图2-50 村落鸟瞰

图2-51 远眺蟠龙寨

于生态变化,该河已枯竭。蟠龙寨建于明末清初,由田家七世、后四门田驭远主持修建。田家世代为官,书香门第,在明代中后期已很发达。尤以康熙年间的兵部侍郎,浙江巡抚田逢吉最为显赫。寨上村最主要的建筑为侍郎府,因田逢吉做过康熙年间的兵部侍郎而得名。侍郎府位于寨上村的主轴线上,东侧有一条甬道与跨院隔开。甬道直达侍郎府后一小院,上书"居贞节",为女眷居住。府东有东宅、院东南设佛堂庙,府西有西宅,府后为花园和后西宅。寨上村敌楼高耸,城府巍峨,气冲霄汉。蟠龙寨在地势上易守难攻,水脉上足以自给,是一个防守完备而又严谨有机的防御体系,并非只有城墙、敌楼。就蟠龙寨的防御体系来看,共有三道防线。首先,以城墙、城门作为第一道防线;其次,以每个封闭式的高墙大院作为第二道防线;第三,侍郎府的堡楼为最后一道防线。堡楼中不仅吊桥高悬,用以控制人员的进入,而且所有的门窗都有铁裹,严防火攻和炮石。堡楼的一层有地道可通往村外,以便在危急时刻,田氏族人用以逃生,保证最后的生命安全。这一堡楼的设计和创建充分体现了田氏族人的聪明才智,是当地最有特色的代表性的堡楼建筑群。

　　在蟠龙寨的东西两端,有两座寨门,西门高三层,由沟底登级进入。与西门相对应

的是东面的敌楼,该敌搂更为高峻,是蟠龙寨之主门,其上也有青石匾额,上书"蟠龙寨",创建年代为明代晚期。作为高层建筑,是登高望远,休闲纳凉的好地方,民间传说田氏在外官员,往往夏天回乡居住,在寨上村避暑消夏。蟠龙寨的东西敌楼之间,原有城墙相连。城墙底部用石,上部用砖砌筑。现城墙损毁严重,只留有些断壁残垣,仍可以依稀看出当年的风貌(图2-51)。

早期,田家在位于良户古村的小寨居住,明代田可久、田可乐、田可耘、田可贤等人中举做知县后,才搬迁至良户主村。田氏人才辈出,家业不断扩大,明末已经成为泫西望族。到田驭远、田驭华、田驭贵、田驭相一辈,开始逐渐在蟠龙寨修建深宅大院,为数不少。田氏家族现在仍然保留太平街老院、后街阁子院、六宅院、七宅院、侍郎府、东宅、西宅等院落十多座,规模宏大,质量上乘。

【第三章】

公共建筑
GONGGONGJIANZHU

一、千年布道玉虚观

玉虚观位于良户古村东街南侧,玉虚观是良户古村规模最大、保存最好的一座村庙,南北长98米,东西宽35米,占地约3500平方米,正殿高约10米。早期的玉虚观,北靠东街,南临原村河,由于人工治理河道,原村河改道南行,原有河道遂成为过境的交通要道,兼顾村中的街市。据庙内现存元代至元十六年(1279年)金代状元李俊民撰文碑刻显示,属于元代早期建筑,但从正殿的须弥座题记"金大定十八年四月十六日记石匠北赵庄赵琮赵进"来显示,该建筑的初建年代,应为金大定十八年(1178年)。此须弥座上雕有大量的线刻图案,内容为"化生童子"[1]的婴戏纹(图3-1、图3-2)。

图3-1 须弥座上的化生童子之一

图3-2 须弥座上的化生童子之二

由此推断,玉虚观在金代时应为佛教建筑,元代改建为道教建筑。佛教寺院和道教宫观的形制有所不同,玉虚观的中殿,平面形状接近四方形,有人认为是由佛教的四方塔演变而来的晋东南寺院类型,这种平面形制在唐代非常盛行。到了金代,虔诚的和尚在此礼佛诵经,既方便了行人的住宿,也在迎来送往的程式中发展了信徒,传播了教义。有元一代,道教兴盛一时,道教领袖占领了这一方佛教圣地,易名为玉虚观,由于史料不足,原来的佛寺名称,遂不可知。由此可见,历史上佛教与道教的竞争之消长,往往掩饰了历史的真面目,道士们在此世代布道,延续至今已有730余年。因为玉虚观的兴盛,村中的宗教信仰被启蒙了,于是在良户古村出现了淫祀现象,村中东南西北中建设了各种各样的庙宇,这些不同的

---

1 据《三藏法数》,佛教宣扬人有四生,"一曰胎生,二曰卵生,三曰湿生,四曰化生"。

信仰，应该与不同地区的乡民迁入该村有关。良户古村遂成为一个融佛教、道教、地方神祇多种信仰于一体的村庄。此外，该村还有一些当地特有的宗教信仰，具有原始崇拜的性质，属于远古的一些遗留，极具考古学意义。良户古村在方圆十几里是个大村，需要各方神灵的保佑，更需要和谐稳定，宗教信仰维持了地方经济的繁荣昌盛，发挥了重要的社会作用。可以想见，玉虚观的道士们，看风水、察阴阳、祈福运、做超度，起到了一种不可替代的社会功能。对良户古村的村民们而言，有了这座庙，村子才可以安定，心灵才能得以升华。

据调查资料分析，玉虚观的历史格局共有三进院落。主入口位于东南角，自东向西行，进入一进院，院西为药王殿，院南为倒座，东建魁星楼，北侧正中原有一随墙门，已毁。过了随墙门，来到第二进院，正北建有中殿。穿过中殿，来到后院，后院北侧即为正殿，正殿东侧，面向东街开有后门（图3-3、图3-4）。

从玉虚观的现状来看，中殿和后殿保存完好。中殿为单檐悬山顶，雕花石柱收分明显，斗栱多用批竹昂，也有清代的龙头昂，栱间画有龙凤图案。中殿最有价值的是壁画，由于在过去做过粮仓，故墙壁上的壁画受到了石灰水的侵蚀，以致变得模糊不清，但若仔细观察，仍可隐约看出那些佛教故事画得十分精美。中殿出檐深远，梁架粗大规整，彩画内容为

图3-3 玉虚观位置图

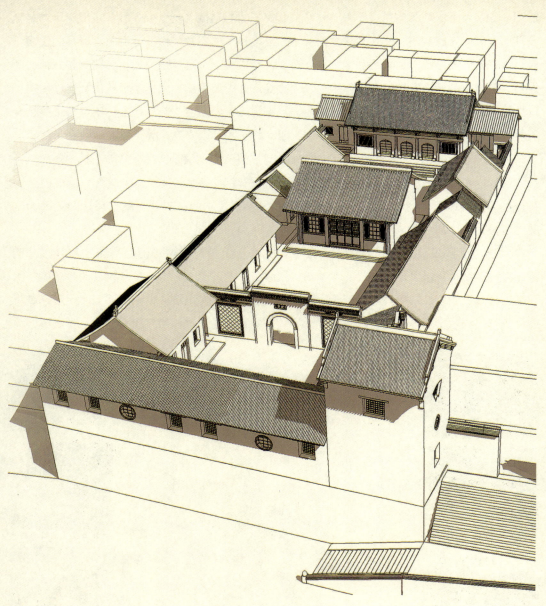

图3-4 玉虚观历史格局示意

道教故事，依稀可见。中殿的格局为金、元时期风格，历史上曾在清乾隆二十年（1755年）和清嘉庆二十二年（1817年）进行过两次修缮，部分建筑构件在维修时做了更换，有的斗栱用的是明清时期的龙形昂、凤形昂，有的瓦件如勾头、滴水也有过更换。[1]中殿虽为金代创建，但经过历代修缮，其建筑风格非常杂乱。中殿殿基为长方形，东西短，南北长。面宽三间，进深七架椽，梁架结构有明显的元代风格。粗大的大额枋，横贯三间，内有减柱造做法，覆以明代的琉璃剪边和琉璃脊刹，檐下饰以各种花卉和龙凤图案，惟妙惟肖，南侧门窗采用格子门窗，为明清风格，极富地方特色（图3-5～图3-7）。

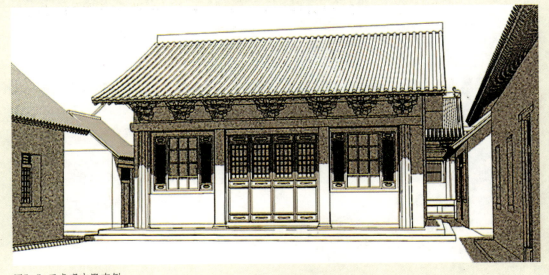

图3-5 玉虚观中殿南侧

图3-6 玉虚观中殿北侧

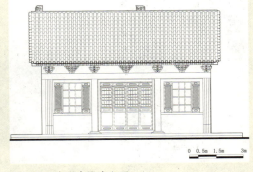

图3-7 玉虚观中殿南立面

---

1 详见《重修玉虚观碑记》和《玉虚观重修碑记》。

玉虚观正殿，面阔五间，进深七架椽，位于镶有浮雕石刻的须弥座上，这是宋金时期重要建筑的典型特点之一。须弥座上雕刻着"化生童子"、"太子玩莲"等图案，有的为男童，有的为女童，皆憨态可掬。须弥座西侧刻有明确纪年，使

图3-8 玉虚观正殿透视

人们对这座建筑有了准确的断代。但台阶以上的部分就呈现出明确的元代特点，通透的大额枋，粗率的梁架，细腻的窗饰，以及金代状元李俊民撰写的一块元代石碑，告诉人们这个建筑已是元代的时空。玉虚观后殿为木梁架结构，柱子采用石材，裹在墙中。柱上有斗栱，栱上架梁枋，支撑着平缓的屋顶，房檐下有粉华工艺。栱眼绘有彩画，时代较晚，应为明清时期。横梁上面画有漆画，由于年代久远，画面内容已经看不清楚。只隐约可见精美的龙凤纹饰，钩金龙纹，腾云驾雾，栩栩如生。玉虚观后殿的屋面采用琉璃屋脊，代表着明代琉璃制品的最高工艺水平，所塑龙形遒劲有力，具有明代风格，非常精美。屋脊中间原有带着题刻的脊刹，已经遗失，难以得知其纪年。两端各有龙头纹饰的吻兽，作吞脊状（图3-8~图3-10）。

图3-9 玉虚观斗栱

图3-10 玉虚观正殿外观

玉虚观的第一进院西侧建有药王殿，正对东门，南侧倒座尽端建有魁星楼。药王殿始建于何时？在《新修玉虚观记》中没有确切的记载，仅云："精于方术医药，救灾拯患，除害荡妖，靡有不效，居民赖焉"。又云："崇建灵宇，为正殿三间，塑三清圣像，为法众朝真之所。东西云堂各三楹，以延纳往来高士。前殿面势，一如正殿之仪；左右庑，如云堂之制"。[1] 从现状来看，

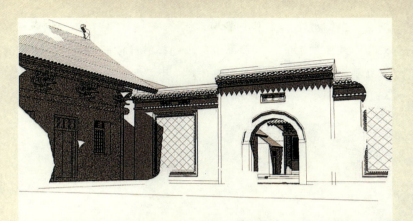

图3-11 药王殿透视

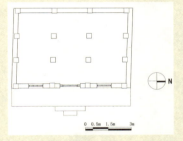

图3-12 药王殿平面

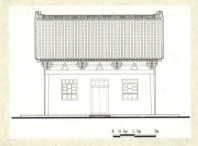

图3-13 药王殿立面

药王殿位于西云堂位置，但在当时并无该建筑。玉虚观传至明正德十五年（1520年），由主持"袁道绒"募化重修。到了清乾隆二十年（1755年），由该观主持"陈合云"再次进行修缮，邑庠生田舜聪携首事郭柏岚等敛财度用，依式维修，将坏者修之，破者补之，而观院又复维新矣。[2]"于甲戌年（1754年）修药王殿，费过银二十二两三分"。[3]此处有药王殿的明确记述，但是否是创建于此时，则无法确定。现存药王殿面阔三间，进深五架椽，单檐悬山顶，为清代建筑风格，结构简洁，造型优美（图3-11～图3-13）。

玉虚观前院的基址位于十几层的砂石台基之上，可想当年手工开采石条，砌筑地面之难。及至嘉庆十七年（1812年），"阖村士庶共议重修，择能任劳竭力□事，出外经

---

1 详见李俊民撰《新修玉虚观记》。
2 详见田次何撰《重修玉虚观碑记》。
3 详见田世英撰《玉虚观重修碑记》，碑在良户村玉虚观内。清嘉庆二十二年（1817年）立石。

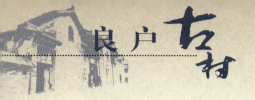

商者,携缘募化",[1]良户村又对玉虚观进行了修缮。此次维修在第一进院落的沿河倒座处,新建南房七间,以镇离位。山门禅室、彻底重修,仍旧基而改观,且南面临河,非常壮观,从此殿宇森严,庙貌灿烂,不但为一邑之巨观,诚千古之盛事也(图3—14～图3—16)。

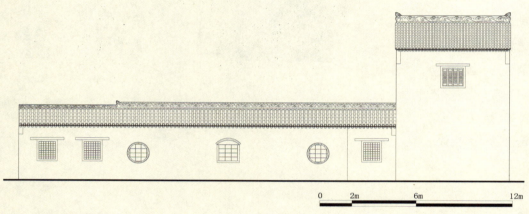

图3—14 沿河倒座南立面

图3—15 玉虚观沿河透视

图3—16 鸟瞰玉虚观

　　文昌、魁星,说起来都认为是天上的星星,而人们却均以神祀之,并赋予其生动的形象。何时开始祭祀文昌、魁星,已不可考。按照中国的阴阳八卦学说,东南为巽位。

---

1 详见田世英撰《玉虚观重修碑记》。

"巽为风，文气之所注也；配以神，文星之正位也"。[1]中国的神祇各得其所，不能随意安置。只有取义相形，精气所聚，才能做到神人感应，起到良好的拜神之效。

"而神祀之宜于理，不必凿其事也"。[2]在良户古村玉虚观的东南隅，旧时有一段基址，老一辈乡民、社友相传为过去的魁星楼遗址。因村小力微，艰于创造，久为村中之缺陷。道光十二年（1832年），良户古村社友田子平、霍云溪等十数家，好善乐施，欲继前人之志而修复魁星楼，但由于资金不足，终未开工。又过了六年（1838年），在乡民和社友的踊跃捐资下，由村民王攀桂、宁元忠等人主持创建了良户古村魁星楼。现存的魁星楼紧邻玉虚观南房，面阔三间，上下九间，西有登云堂一间，巍峨高耸。楼上刻有"战奎壁之联

图3-17 原村河畔的魁星楼

图3-18 玉虚观东门

辉，拧看蟾宫折桂"的题名。真乃"带水屏山，暮地起文明之秀；梯云步月，凌空摇翰墨之光"（图3-17、图3-18）。

玉虚观是良户及附近村民的信仰中心，旧时玉虚观正当高平至沁水的交通要道上，商旅行人必经此地，且此地距高平沿旧路山道约40里，一路上人烟稠密。而西边则为大山，一路人烟稀少，野兽出没，所以按照以往的出行规律，该地正当一日行程的歇脚点。商人、行人的消费和赞助，保证了建设这座具有相当价值的古道观的可能性，巩固和促进了良户古村的进一步繁荣，也丰富了该村的精神生活。良户古村的玉虚观布道千年，极具历史、科学和艺术价值，当属泫西胜迹无疑。

---

1 引自王攀桂撰《新建魁文楼碑记》，碑在良户村玉虚观内。清道光十八年（1838年）立石。
2 详见王攀桂撰《新建魁文楼碑记》。

二、地据岗峦大王庙

大王庙，位于良户古村东南一高岗上，紧邻原村河，村人称二道河，坐南朝北，面向改道之前的原村河。"地据岗峦，位正离宫，面临大河，诚巍巍巨观也"。[1] 该庙有二进院落，中轴线上依次布置有戏台、二道门、三道门、后殿。后院的格局保存基本完整，后殿面宽三间，进深四椽，供奉的内容为道教三尊神仙，东西两侧各有角楼、厢房等附属建筑。大王庙具体始创年代不详，从现存的碑记看，清代乾隆、嘉庆及后来的民国均有重修记录。据庙内的碑石考证，其创建于明末。庙内有数十块明清时期的大小碑碣，有的为功德碑，有的为诗文碑，有的为记事碑，不少碑文的书法艺术甚好（图3-19～图3-22）。

大王庙东西宽20.6米，南北长35.6米，在西北和东北两个方向设有大门，形制独特，南高北低，院落宽敞，阶梯陡峭。第一进院落，北有戏台，中间两边是看楼，东西有厢房，看样子是专为金龙大王设置的演出场所。金龙大王专门管理河务水情，确保没有洪涝灾害。北侧的戏台，具有明显的地方戏台的特色。该戏台坐北朝南，面阔三间，须弥座台基，悬山屋顶。戏台两侧各有耳房三间，上下

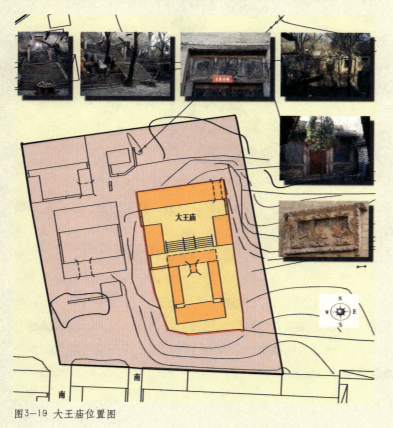

图3-19 大王庙位置图

---

[1] 引自田廷访撰《重修大王庙碑记》，碑在良户古村的大王庙内，清乾隆二十九年（1764年）立石。

图3-20 大王庙门额

图3-21 大王庙内院

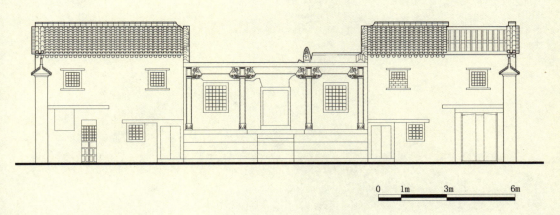

图3-22 大王庙戏台立面

图3-23 大王庙地形分析图

二层。东、西端底部设有两个出入口，从功能上看，较好地满足了唱戏时的人流疏散要求。戏台对面的看台，高高升起，一方面满足了观众的视线要求，另一方面，也较好地考虑了建筑声学的要求，取得了很好的混响效果（图3-23～图3-25）。

| 山 | 西 | 古 | 村 | 镇 | 系 | 列 | 丛 | 书 |

图3-24 大王庙戏台修缮透视图

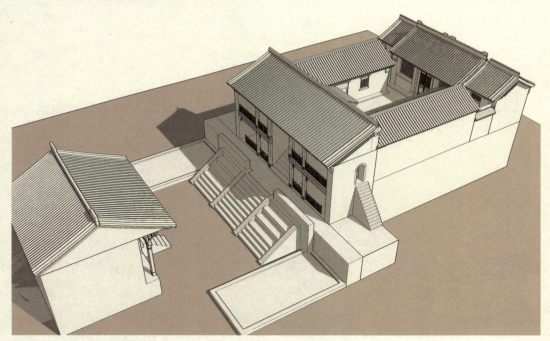

图3-25 大王庙现状分析图

  良户古村大王庙的传说很多，这是因为良户古村正对原村河水口，河水的走向对其产生了影响，为了避免形成对冲，故选址在村东南拐弯的高岗之上。大王庙的建成和传说晚于玉虚观，与明清时期的地方宗教信仰多元化有关。历史上，大王庙分别于清乾隆二十九年（1764年）、清道光十八年（1838年）、民国17年（1928年）进行过维修，这在有关大王庙的碑文中有明确的记载。[1] 据长者回忆，良户古村的大王庙是由乡绅田驭远家族发起，全村人民集资修建的。但乡亲们之间还流传着另外一种说法，据说良户古村的田家代代做官，非常有势；而郭家则经商起家，富裕有钱，两大家族难免发生争执。田家占据有利地形，为凤翅岭向南延伸的一处龙头之上，所以代代出官，郭家为了抑制田家，就在龙头对应的河口地段修建了大王庙，内塑金龙大王像，手持钢鞭，专打田家来这里的蛟龙，防止田家的势力超过自己。当然，这也许仅仅是一个美丽的传说而已。

事实上，大王庙就像一般的龙王信仰，目的是要镇压肆虐的河水，防止河水泛滥成灾，冲毁大片的良田。"凡我同人，爱起义举，此间族党合力捐助，同心赞襄，共成盛事"。[2] 说明大王庙的建设，的确是举全村人之力的结果，而非仅仅只有郭氏一族。当然，过去的大片良田，早已变成了鳞次栉比的大片房屋。大王庙的塑像原来数量很多，后被毁。尽管如此，良户古村的大王庙每年的庙会仍然非常热闹。历史上，这里的舞台最为繁忙，一年一度的重要季节，都要上演老百姓喜闻乐见的戏曲。由于良户古村是周边有名的富裕村，唱戏较多，后来该村干脆成立了戏班，班头是王姓家族，戏班也很有名，上党名演员郭金顺就是此班的名角（图3-26～图3-28）。

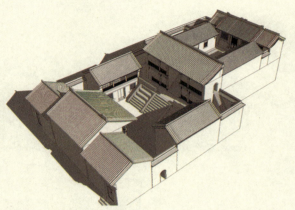

图3-26 大王庙历史格局图

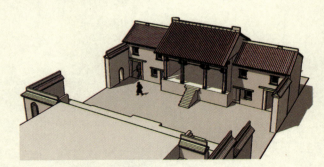

图3-27 大王庙戏台和看台

---

1 详见田廷访撰《重修大王庙碑记》，田域撰《大王庙创修前院碑记》，武绳祖撰《大王庙补修碑记》。
2 引自田廷访撰《重修大王庙碑记》。

| 山 | 西 | 古 | 村 | 镇 | 系 | 列 | 丛 | 书 |

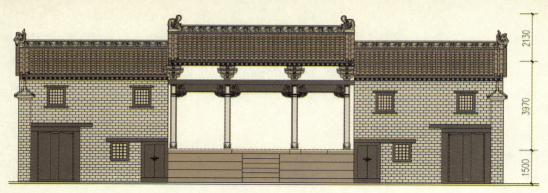

图3-28 大王庙戏台修缮立面图

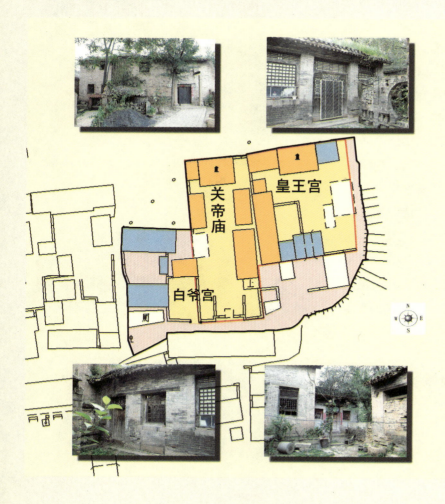

图3-29 皇王宫位置图

图3-30 皇王宫山门

三、吞蝗神祇皇王宫

在良户古村东街尽端北侧的高岗上，从东至西并排着三座庙宇，依次为皇王宫、关帝庙和白爷宫。将众多神圣集中在一地祭祀，这种习俗在众多的古村落中，并非普遍，而是实属罕见（图3-29、图3-30）。

众所周知，关帝是山西人，关帝信仰在山西很普遍，自从被宋徽宗连升三级，先封"忠惠公"，再封"崇宁真君"，后又封"昭烈武安王"和"义勇武安王"后，关帝信仰遍及全国，被人们奉为与"文圣人"孔子平起平坐的"武圣人"。村中建造关帝庙，既保求财，又保平安，良户古村之所以有关帝庙，这个问题便不再难以理解。而皇王宫和白爷宫供奉何方神圣？这个问题却难倒了许多人。

在良户古村，皇王宫即东庙，也称汤王宫。"皇王"是谁？若问三个人，就有三种答案。有说是"唐王"的，也有说是"汤王"的，众说纷纭，莫衷一是。事实上，即便是古人，对于这个问题，也没有定论。顺治初年，邑人田驭相曾为良户古村西边的章庄

皇王庙撰写过碑记。记曰："章庄东大庙相传久矣，其创何代莫可考。询问何神，或曰商汤，或曰唐宗"。连古人都不知道"皇王"乃何许人也，更何况良户古村一向以农为本、勤劳朴实的村民呢？

历史上的晋东南，几乎各地都有"皇王"庙。更有甚

图3-31 康熙十七年的门额

者，用"皇王"作为地名，仅在良户古村周边，就有"皇王山"、"皇王头"、"皇王寨"等，用"皇王"命名的山名或村名。由此可见，"皇王"信仰属于地方崇拜，源远流长，在当地非常普遍。老百姓为什么要信仰皇王？恐怕与中国封建社会的农耕文明分不开。在田驭相的碑记中，曾记有商汤祷桑林，唐太宗吞蝗之事，并曰："其食苗心，宁食吾心"。老百姓深受感动，因而建庙祭祀二帝。再从雍正十二年（1734年），秦城村的《重修皇王庙碑记》来看，碑中述到为什么要纪念皇王神，主要是因为皇王"吞蝗救民"，功德自在人心而已。"及庙成，而四方祈祷雨泽者，无不随感随应，神之为灵昭昭也。因之，而山，而寨，而庙，而村落，无不皇王之也"。[1]据此来看，村民将皇王作为"商汤"或"唐宗"，都有一定的道理，因为皇王不仅能够吞蝗救灾，而且也能祷雨顺风，护佑一方平安（图3-31、图3-32）。

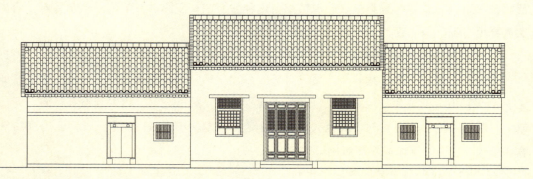

图3-32 皇王宫正殿立面图

---

[1] 引自张以诚撰《重修皇王庙碑记》，碑在秦城村，雍正十二年（1734年）立石。

据清嘉庆四年（1799年）《皇王宫众善施地碑记》记载，旧时良户古村的皇王宫，规模宏大。仅宫庙主持的"焚修之需"用地，就有四亩一分之多，可见乡民对皇王信仰的虔诚之至。从皇王宫的现状格局来看，该庙应为里外二进院落，现仅存内院。内院的布局近乎对称，在主轴线上，由南至北，依次布置山门、主殿，东西两侧布置云堂厢房。山门二层，下为过道，上置戏台。主殿面阔三间，东西两侧，分置庑房。内院格局基本完整，风貌尚存，但破坏严重。从建筑风格上看，应为明代始建，清代重修。山门的牌匾，上书"皇王宫"三字，为邑人田驭远题款，书写时间为清康熙十七年（1678年）。据说，该庙在民国之后，曾分给该村村民居住，住户为黄埔军校毕业生宁相周。目前，皇王宫破坏严重，面临倒塌，由于年久失修，墙垣破败，山门洞开，瓦砾遍地，亟待抢救性保护（图3-33、图3-34）。

图3-33 皇王宫西云堂

图3-34 皇王宫正殿

作为地方诸神的庙宇，除皇王宫外，良户古村的九子庙也很神秘，很有特色。该庙位于太平街与抱厦底巷交接的部位，坐东朝西，始创年代不详。明代天启年间，由田驭贤督工重修，清代嘉庆年间也进行了修缮。目前的九子庙，是在原址上新建的现代化风格的庙宇，与传统风貌格格不入。由于该建筑已经失去其历史风貌，这里仅谈该庙的历史意义和宗教意义。

良户古村的神祇较多，相互之间自然各有分工。在中国的不少地方，人们对生育的崇拜，主要是信奉送子观音。而在良户古村，村民普遍认为九子庙里的神祇最为灵验。在中国的礼制文化中，"不孝有三，无后为大"以及"多子多福"的思想根深蒂固。导致村民对婚姻特别重视，有"宁拆一座庙，不拆一桩婚"的说法。而在家庭生活中，村民对生儿育女情有独钟。时至今日，良户古村的九子庙尽管已经被改造得面目全非，但它在人们心目中的地位丝毫没有被动摇。过去，不怀孕的妇女到九子庙求子，其仪式为先拜神像，再取回一种特制的绣花童鞋，待到怀孕后，再来还愿。这种风俗习惯，在良户古村流行甚广。老辈人常说，来九子奶奶庙求子很灵验，事实上这不过是一种心理安慰与暗示罢了，但人们依然趋之若鹜。由此可见，传统观念对人思想的禁锢力量有多么强大。旧时，九子庙里面的神像很多，有泥塑的、木雕的，但这些神祇究竟姓甚名谁，人们却很少关注。由于历史久远，良户古村的地方崇拜仿佛团团迷雾，神龙见首不见尾，有待进一步考证（图3-35、图3-36）。

图3-35 九子庙室外

图3-36 九子庙室内

四、古村东街关帝庙

如前所述，良户古村的关帝庙位于村子的东南部，西边是白爷宫，东边即皇王宫，坐北朝南，二进院落。从现存康熙四年（1665年），为当时任浙江巡抚的田逢吉所撰写的碑文来看，该建筑应为明末清初时期建造。

据《关帝庙创建碑》记载，良户古村的关帝庙是由田驭夷率其子田奎征、其孙田裕发起修建的。良户古村之所以要建关帝庙，是由于"关圣大帝明威灿赫，灼古亘今。天地之所覆载，日月之所照临，靡不尊亲"。[1] 现存关帝庙东西短，南北长，为对称布局，由南至北的一、二进院落，格局已不完整。依据调查资料可以推断，第一进院落由山门、献殿、东、西厢组成。历史上，山门两侧，当有钟、鼓楼，山门外则为花墙照壁，如今均已毁坏，但遗址尚存。进入二进院，主轴线上布有正殿，正殿两侧庑房为两座小殿，院东西

---

1 引自田逢吉撰《关帝庙创建碑》，碑在良户村关帝庙内，康熙四年（1665年）立石。

有配殿。正殿三间，单檐悬山顶，石柱木梁，采用五踩斗栱，共有七朵，做工精良，简洁大方。院内古木参天，郁郁葱葱。如今，关帝庙正殿被改为民居，宗教庙宇的气息早已遗失，只有高高的檐柱、精美的石香炉，以及斗栱上细腻的花纹，隐隐约约可见当年庙貌昂然。厢房东西各有三间，由北到南，逐层变低，房屋窗台下装饰着精美的石雕，具有当地民居建筑的风格（图3-37，图3-38）。

图3-37 关帝庙正殿立面

图3-38 关帝庙正殿

五、层层迷雾白爷宫

在良户古村东街的尽端，关帝庙的西侧，坐落着一座形制简单的神庙，当地人称之为"白爷宫"（图3-39）。如果说皇王宫的神主，还算能够勉强理清的话，此宫白爷的身份为何，乃何方神圣，则实在难以令人读懂。据许多当地的乡民讲，白爷是地方神中的地方神，包括方圆几十里的村庄在内，只有良户古村供奉"白爷"神仙。"白爷"与良户古村究竟有何渊源或关系，则不得而知。由此，不禁使人慨叹，如将良户古村的历史，比作笼罩着层层迷雾的高山流水，实不为过！由此可见，中国古村落的文化之深，深不可测。中华民族的文化之根，深深植入农村，保护古村落便是把根留住！

图3-39 白爷宫正殿

有一种说法，白爷宫的主人是秦国名将白起，这让人大跌眼镜。说起白起，之所以著名，是由于战国长平之战时，诡诱坑杀赵卒40余万人，震惊世人，故有"自为童子，即知有长平"的说法。高平在当时属于韩赵领地，当地人民对其恨之入骨，怎么能立庙祭祀呢？直至今日，"高平烧豆腐"仍然是当地名吃。长平之战后，白起的残暴激起了世人的憎恨。高平当地盛产豆类作物，加之水好，所产豆腐，名冠三晋。人们把豆腐比作"白起脑"、"白起肉"，通过火烧、水煮、油煎三道工序而烹饪食之，以泄心中之愤。不料，人们食用后，觉得口感劲道，颇觉新鲜，于是"烧豆腐"在高平境内流传了下来，成为历史名吃，这一吃就有2000多年的历史。

对于战神白起，世间还有另一种说法。白起也叫公孙起，陕西郿县人。在担任秦国将领期间，指挥了伊阙之战、鄢郢之战、华阳之战、陉城之战和长平之战。攻城70余座，歼灭近百万敌军，被封为武安君。《千字文》将白起、王翦、廉颇、李牧并称为战国四名将，后世称之为战神。长平之战后，世人对其评价正负皆有，充满争议。《敕修武安君白公庙记》曰："窃以武安君威灵振古，术略超时。播千载之英风，当六雄之敌"。太史公认为："料敌合变，出奇无穷，声震天下，南拔鄢郢，北摧长平，遂围邯郸，武安为率"。负面的评价更多，西汉扬雄认为："秦将白起不仁，奚用为也。长平之战，四十万人死，蚩尤之乱，不过于此矣"。

尽管如此，早期的人们仍然对白起进行着祭祀。长平之战时，良户处于秦军一侧，如同沁水的"武安"村一样，百姓设庙纪念白起，是完全有可能的，因为在驱邪镇魔方面，最起码还是无人匹敌的。乡村信仰的功利性，由此可窥一斑。《史记》记载，有功而死，秦人怜之，乡邑皆祭祀焉。《水经注》中也有杜邮亭、白起祠的记载。《异迹略》则记述陕西宝鸡一带，只要疫病一起，就会祭祀秦太尉武安君。事实上，在我国的历代诸神中，诸如此类的实例还有很多，符合人们"以恶制恶"的心理诉求。及至宋代，程朱理学盛行，白起的行为，根本不符合中国以"仁义礼智信"治国的思维和观念，白起与众多封建卫道士站在一起，显得那么格格不入，遂被请出各地神庙。

良户古村的祖师庙，也叫真武庙，位于良户古村正街北部的中央位置上，坐北朝南，始建于明代，历代均有修缮（图3-40）。碑文为明代万历年间，山东嘉祥县知县田可久撰，民国年间重修。正街南端正对真武庙的庙宇即观音堂。由于当地信仰南海观音，所以这里的观音堂都是坐南朝北的。观音堂位于正街、东街、西街交汇处，现仅存三间台基。虽然已被拆毁，但村民们仍然认为这个正南的位置有神明，没有谁敢在那里修建房屋，至今仍然是空地一片。村民传说，当年建筑材料都是观音菩萨托梦搬去的。在村民的心目中，观音菩萨是大神，她除了大慈大悲、普度众生外，还可以满足民众的心愿。农历九月十九日，是观音成道之日，村民们沐浴更衣，摆设香案，悬挂彩灯，家家户户门前点起

图3-40 祖师庙即真武庙

图3-41 观音庙遗址

旺草。十几里外的各村村民,一大早赶来参加仪式。在良户,人们把观音信仰与过春节紧紧地联系在一起。村民们相信,只要在大年初一的第一时间,在观音堂插上头柱香,全家便会在一年中得到菩萨的保佑。历史上的观音堂塑有十八手观音圣像,但今已不存(图3-41)。

六、宰家坛南虎耳坟

  良户古村的田氏是高平的名门望族,家族坟地的规模很大,在良户、交河、南关坪、冯村、北山等附近村落,都有田家的坟地。其中,交河村的虎耳坟,良户古村的红土坡坟,西岭上的牌楼坟最为肃穆壮观,保存也最完好(图3-42~图3-45)。

  良户古村的红土坡,是田逢吉祖父田可耘等人的坟地,现保留有康熙年间诰封碑。冯村为田光复的坟地,现存有墓志铭。田驭远为明末清初的当地乡绅,兵部侍郎田逢吉之父,生前曾中举人,死后县志府志记载了他的事迹,被奉入乡贤祠祭祀。其生父本为田可乐,后过继给田可耘,从碑文和相关庙宇建筑看,文峰塔和盘龙寨,以及附近的万寿宫等大型工程都是为他主持修建或修缮的。尤其是对万寿宫的维修,从康熙二年开始,到康熙十三年,先后修建了圣姑正殿和左右各祠,三清前殿和药王殿,惠及乡里,并多次修桥,赈济贫民,防御流寇袭击。田氏家族世代为耕读商贾人家,在附近30里开外的杜寨乡,发现有明末田驭远广买田地和房产的契约。

  田驭远墓位于良户古村西三里之交河南山上,旧时称通义里宰家坛,坐南朝北,高踞

图3-42 风景如画宰家坛（交河）

图3-43 碑首

图3-44 墓碑

图3-45 武将

良户古村　山｜西｜古｜村｜镇｜系｜列｜丛｜书

图3-46　石马

图3-47　虎耳坟北望

于半山腰之空旷平地内，圭景适中，符节如契。该墓俗称"虎耳坟"，背靠南山之巅，距山顶约有百步，原有一个广大的陵园，依山而建，视野开阔。步入陵门，沿台阶而上，依次为石牌坊，甬道两旁依次排列着石虎、石马、石羊、石人、石狮、石望柱，使人感到田氏祖茔的豪华。田驭远的陵墓位于中轴线的正南方，坟前立有墓碑和砂岩香炉座。后来，由于修筑大寨田和章庄到原村的水渠，部分建筑被拆毁，但石人、石马组成的神道还在，两块高大的诰封碑还在，体现出当年不凡的气势和显赫的身份（图3-46、图3-47）。

在田驭远的墓地前，曾有巨大的砂石牌楼。据村里老人回忆，过去有专人世代看护，陵墓周围有花墙，里面有石碾石磨等生活用具。该墓建于清康熙年间，为其子田逢吉所建，牌楼高五米，宽七米，为四柱三门式硬山顶石刻牌楼，雕刻精细，装饰华丽。石柱底座前后为四组抱鼓石，上刻形态各异的小狮子。檐下明次间各设横枋四道，花板三层。明间第一道横枋浮雕莲花花纹，第三道横枋浮雕缠枝菊花纹。明间花板从上到下依次题刻的内容为"显亲"、"敬祖"、"天恩祖德"等，两边浮雕分别为文官下轿、武官下马等图案，牌楼显得气势非凡，让人望而生畏。有一块"诰封通奉大夫内国史院学士加一级田驭远"碑，在1958年修筑水库被作为石材铺于地下，乡民从水渠边发现后保护起来，现存于章庄村。

宰家坛的田家坟墓，墓前地势开阔，以老马岭为屏风，连绵丰厚，平缓向西边伸展。北面有许多小山相拱卫，南山则如凤翔鸾举，行游长空而悠悠偃息于此。实为一风水宝地。据说在埋葬田逢吉母亲的时候，曾有鹤群自西向东盘旋飞鸣于新坟之上，久久盘桓才去，因地貌像虎踞，两耳高耸，故称之为虎耳坟（图3-48、图3-49）。

图3-48 武将牵马

图3-49 虎耳坟神道

　　田氏家族的众多坟茔，虽然比较分散，但从选址、规制、建造等方面来看，无不代表着中国农耕社会时期，具有较高地位的封建家族人家的理想与追求。因其是从堪舆学、伦理学、建筑学等多学科、多角度营建的坟茔，故而具有较高的研究价值。

七、田氏宗祠接青云

　　对于古村落来说，祠堂是必不可少的公共建筑，它既是家族的象征，也是维系血缘关系的纽带。祠堂作为家族的公共活动中心，具有宗教、行政、教育、文化、娱乐的功能。由于经济和场地的原因，祠堂有时与书院结合建造，形成一堂多用的功能格局，具有承前启后，劝人进学的意味。良户古村是由多姓氏组成的血缘聚落，村中的各类建筑，房主人更迭较频。时至今日，这些建筑的功能不断变迁，

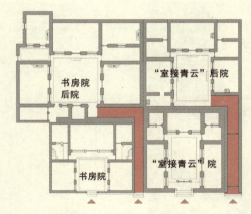
图3-50 田氏宗祠位置图

已很难断定它在历史上的初始用途。据考证，位于抱厦底巷北侧，由四处院落组成的建筑群，最初为田氏后二门田光复家族的祠堂和书院。田光复为清代康熙年间的进士，该祠堂在清代乾隆年间已易其主，堂屋的花梁上明确记载该屋主人已属龚氏。田氏祠堂尽管在早

山｜西｜古｜村｜镇｜系｜列｜丛｜书

图3-51 田氏宗祠沿街屋顶

期已经改建为民居，但其建筑的格局仍然保留着宗祠建筑的烙印（图3-50、图3-51）。

田氏宗祠建筑群由四个三合院组成，院落之间有甬道相连，既有分隔，又有联系，占地面积1122平方米。建筑群保存比较完整，呈"田"字形状，毗连在一起。沿街的院落东西并列，西院的大门为青砖拱券结构，原带抱厦，已毁。东院的大门为木结构垂花式，华丽精致。东西二院之间的甬道尽端，上置小巧的垂花门，玲珑剔透。东院东侧的甬道尽端边设置一小门，为硬山式，等级较低。大小门楼与几厢屋顶高低叠置，鳞次栉比，构成了独特的建筑造型，丰富了抱厦底巷的街巷景观。从院落的格局和大门的规制来看，最初，这四处院落为一个整体，同时期建设。其建筑功能，东为祠堂，西设书院，均为前后二进，规划严谨，秩序井然（图3-52～图3-55）。

图3-52 西院甬道大门内侧

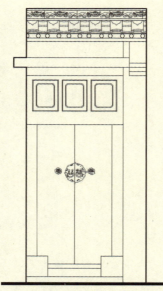
图3-53 东院甬道大门外侧

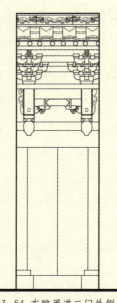
图3-54 东院甬道二门外侧

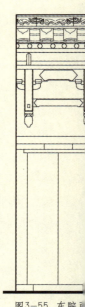
图3-55 东院甬道二门内侧

祠堂院的大门上书"室接青云"四个大字，在四处院落中，等级最高，装饰十分讲究。两根粗大的砂石门柱支撑起整个门楼，门楼为悬山顶，下有两层斗栱作为装饰，上层斗栱共四朵，用材小，下层共两朵，用材大。两层斗栱之间和额枋上都有精美的木雕。在两枋之间书"室接青云"四个大字。在大门内侧，同一位置书"国朝军功"四个大字，对院主人的一身作了总结（图3-56、图3-57）。

图3-56 祠堂院大门外侧

图3-57 祠堂院大门内侧

进入大门，正对着的是仪门。仪门为牌坊式门。除门扇外，其余的部分全部用石材建造，牌坊门为两柱单间一楼式。两根高出屋檐的冲天柱上，各蹲着一个望兽，相对而视。两石柱间有上下石额枋，石枋上雕有麒麟、龙等图案。两石枋间正对大门的一面书"连璧坊"，语出"连城璧玉，天下盛传"的典故。背面书"种玉亭"，上层石枋上有石雕斗栱三组，用以支撑石屋顶。屋顶为悬山式，正脊雕饰精美，两侧置石雕螭吻。牌坊门的石柱基，既没有用夹杆石，也没有用抱鼓石来支撑，而是通过两门立柱上的穿插枋，巧妙地连

图3-59 "国朝军功"题刻　　　　　　　　图3-58 "攀龙鳞"题刻

接在一起,既保证了牌坊门的稳定性,又兼顾了两道门的整体性。两门穿插枋之间左边书"曲江仙杏",右边书"溟海神鲲",是对主人一生的真实写照。石作牌坊门,在民居建筑中很少使用,用做祠堂,含义深刻,既缅怀先辈,又激励后人(图3-58、图3-59)。

通常情况下,仪门是关闭着的,左右两边可以出入,它起着内院影壁的作用,避免经过的路人对院内一览无余。每逢节日,或祭祀祖先时,才会开启仪门。祠堂院为典型的三合院,院北有正房三间,左右耳房各一间,共计五间,为硬山顶,均为两层,底层明间为格扇门,左右次间为槛窗,二层全部为槛窗。院落的东西两侧各有厢房三间,建筑形式规整大方。东西厢房面阔三间,也是两层,底层明间为格扇门,左右次间为槛窗。二层全部为槛窗。院内的门枕石雕刻精美,有麒麟、莲花、鹿等图案。所有槛窗下面的窗台石板上都有精美的雕刻,雕有动物、花卉等图案。东西厢房临街的一面山墙上有拴马环和上马石,二层上有砖券圆形月窗。院内排水系统完善,有规划合理,布置处理得当的石水道。若遇下雨,会有组织地排向大街上(图3-60~图3-63)。

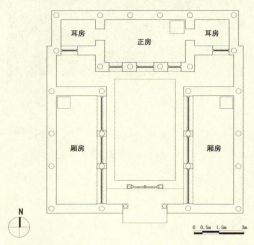

图3-60 祠堂院二层平面

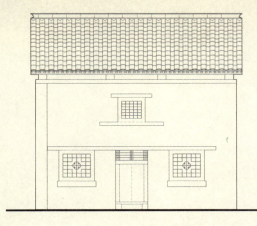

图3-61 祠堂院东厢房立面

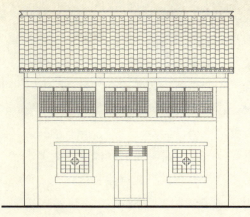

图3-62 祠堂院西厢房立面

图3-63 祠堂院石牌坊

大约在清乾隆年间，田氏祠堂建筑群的产权有了变动，祠堂、书院等被改建为民居。在空间、形制、装饰、尺度上，更接近人的生活行为。四个院落的房主人，身份也各有不同。祠堂及后面的院落，当地老百姓称之为"武状元"府，但查遍《高平县志》，也不知良户古村的武状元姓甚名谁？在祠堂院的北部，通过狭长的甬道，便进入武状元府后院。该院落为三合院，正房三间，东西各带两间耳房，院落的两侧各有厢房三间，其形制一观便知是民居形制（图3-64～图3-66）。

历史上，祠堂院与武状元府有出入通道连接，如今只有通过东侧甬道，方可进入。在窄窄的甬道上，设有两处大门。头道门为青砖仿木结构，梁枋、垂柱、墀头等构件，均为砖木结合建造。屋顶为硬山顶，部

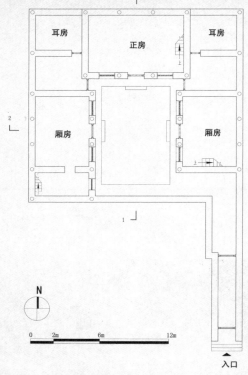

图3-64 武状元府平面

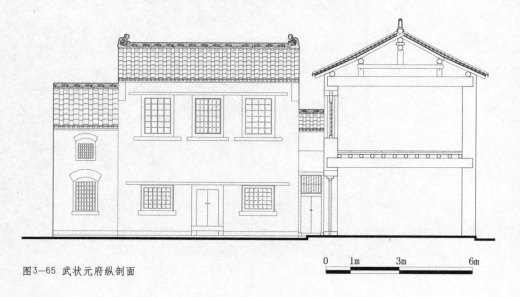

图3-65 武状元府纵剖面

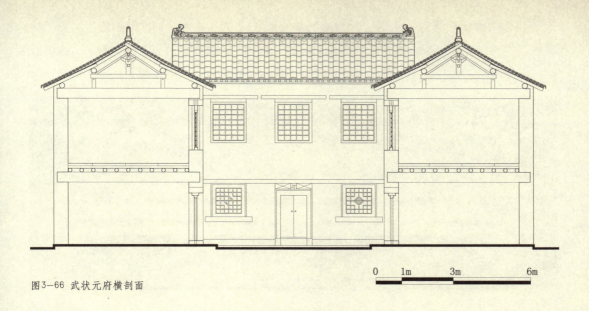

图3-66 武状元府横剖面

分挑出墙外,板门下为石雕门枕石。二道门做工较为讲究,门头为木雕门罩,左右有两根不落地的垂花柱,柱间横架着两道梁枋,上枋承托两组斗栱,下枋上有门匾。大门正对东厢房山墙,墙上有精美的砖雕影壁,下为砂石须弥座。壁身全部用方砖斜铺,表面十分平整,壁身的中央与四个岔角上用砖雕装饰,上有麒麟等动物图案。砖雕线条粗犷有力,具有很好的装饰效果。影壁上部的壁顶,为一出水屋顶形式,全部用砖装饰,简洁大方(图3-67~图3-69)。

图3-67 武状元府后院

图3-68 武状元府头道门

图3-69 武状元府二道门

祠堂院的西侧有两进院落，分为南院和北院，过去为书房院。靠南的院落，位于抱厦底巷的北侧，院门为拱券式门洞，原有抱厦、影壁，均已毁坏。正房宏伟高大，面阔三间，上下两层，四根通天石檐柱承托着前檐，额枋上镶嵌着精美的木雕，内容为麒麟、狮

图3-70 书房院南院大门内侧影壁

图3-71 书房院南院大门

图3-72 书房院南院外观

子图案。出檐梁头做成麻叶云状,下面柱础为覆斗状,上雕如意云纹。东、西厢房面阔三间,也是两层,底层明间为格扇门,左右次间为槛窗,压窗石上,雕刻精美,有动物花卉图案。南侧原有的影壁顶部,有砖雕斗栱四朵,每朵斗栱之间有麒麟、凤凰等图案,下部还有一组雕有鹿、松、芭蕉的砖雕组图(图3-70~图3-72)。

旧时,书房院的南、北两院,有门洞相通,现均已被堵死,只有通过院东侧的甬道,方能进入北院。如同武状元府,在甬道上也有两道门。位于南侧的门紧邻抱厦底巷,为木结构垂花门,破损严重。通过第一道大门,经过长长的走道,为第二道门,上书"振家声"三个大字。门头为木结构,左右有两根不落地的垂花柱,柱间横架着两道梁枋。上枋上面有一排斗栱,支撑着的屋顶,屋顶上覆有瓦面、屋脊、屋角和走兽,做工比较精美(图3-73~图3-76)。

书房院北院的平面布局严谨紧凑,庭院接近正方形,非常舒适。由窄窄的甬道向北左拐,即可进入庭院。庭院为四合院,倒座的开间不大,进深较小,但作为库房和楼梯间使用,空间还是绰绰有余的。倒座正中的一间,内有神龛,供奉着一尊泥塑菩萨。院内有一株山楂树,听院主人讲已有100余年的历史(图3-77、图3-78)。

图3-73 书房院北院大门

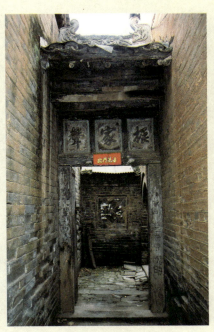

图3-74 书房院北院二道门

图3-75 书房院北院二道门内侧

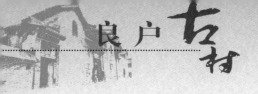

| 山 | 西 | 古 | 村 | 镇 | 系 | 列 | 丛 | 书 |

图3-76 书房院北院剖面图

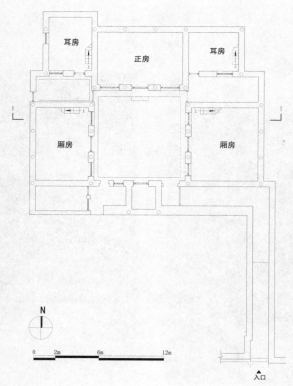

图3-77 书房院北院平面

正房面阔三间，上下两层，底层明间为格扇门，左右次间为槛窗，二层三间全部为槛窗。左右两侧有两个小庭院，各有两间耳房，上下两层，底层靠近正房的一间为格扇门，另外一间为槛窗，二层全部为槛窗，耳房比正房略低一些。东西厢房面阔各三间，也是两层，底层明间为格扇门，左右次间为槛窗，二层全部为槛窗。这种布局方式，可能是受到封建社会建筑规制的影响。明清时期，朝廷对庶民百姓建房的等级规定很严，一般官员的住宅，其正房不得超过三间，否则就视为违反规制。书房院北院的做法，非常巧妙，表面上看，正房和东西厢房，均为三间，但在正房的两侧设置了两个小院，又安排了两处耳房，既不违反规定，又解决了使

图3-78 书房院北院东厢房

用空间不足的问题,形成了"明三暗七"的格局。由此可见,良户古村乡民的智慧(图3-79~图3-81)。随着时代的变迁,尽管田氏祠堂、书房等建筑已经失去了其初始的功能意义,但从空间格局来看,仍然保持了历史的轨迹,丰富了良户古村的建筑类型。

图3-79 书房院北院拱形门

图3-80 书房院北院西厢房

图3-81 书房院内院

第四章

民居建筑
MINJUJIANZHU

一、民居建筑类型多

元末明初以来，不少高平的古村中出现了许多地位显赫的官宦人家，以及家产丰厚的商贾大户。这些人家修建的房屋，大都十分考究。在良户古村中，仍然保存着许多从明代至清代，一直到民国初年的民居建筑。之所以能够留存至今，主要原因有三个方面。其一，良户古村在明清时期，林木资源丰富，民居所用的材料均为上等木料，用料粗壮，建筑质量好。同时，还将石材、青砖广泛用于建筑的承重部位，有利于延长建筑的使用年限。其二，良户古村虽然靠近高平县城，但位于高平的西部山区，村落比较偏僻、封闭，受到战火的影响较少，避免了毁灭性的战争破坏。其三，良户古村在明清之际，文化、经济发展到鼎盛时期，但后来逐渐败落，房屋的更新速度较慢，从而避免了建设性的人为破坏。基于以上的主观和客观原因，良户古村的民居建筑，才得以留存至今，实乃幸事（图4–1）。

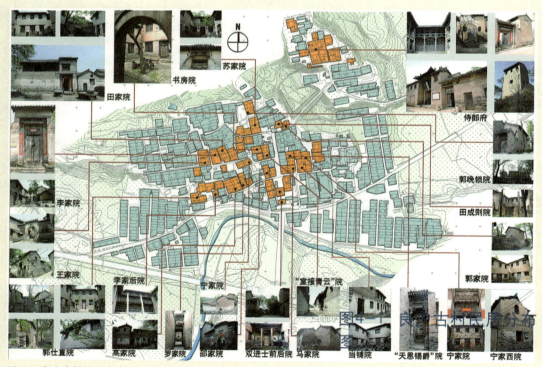

图4–1 良户古村民居分布图

良户古村的民居建筑，以三合院和四合院为基本形制，依据功能要求，通过不同的组合方式，形成建筑群落，满足不同家族的使用需求。建筑的结构选型，主要有砖木混合结构和石木混合结构。所谓砖木混合结构，是指用砖墙、木柱承重，以木檩、木板作为楼层，用砖墙或土坯墙围护的结构形式。所谓的石木混合结构形式，这里指用石柱、石墙或砖墙承重，以木檩、木板作为楼板，用石墙、砖墙或土坯墙围护的结构形式。限于材料的性能，木柱子的截面，以圆形、方形为主。石柱子在一般情况下，均加工成矩形，有时也有做成瓜瓣形，但很少有纯粹圆形截面的石柱子。事实上，将石材加工成圆柱状，并非易事。这表明，良户古村的民居建筑在建造时，并非一成不变，往往因材制用，不拘一格，自成一系，这也是中国民居建筑异彩纷呈的最好见证（图4-2、图4-3）。

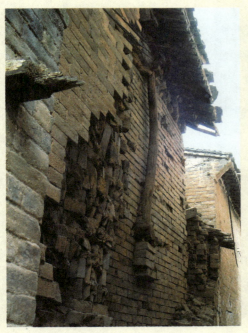
图4-2 砖墙内部构造

图4-3 倒座处的方形石柱及装饰

在良户古村，当地乡民将三合院称之为"簸箕院"。取其三面围合、一面开敞之意，是对"三合院"较为形象、通俗的叫法。现存的多数院落，即以三合院为基本院落单元，通过横向或纵向的组织，形成合院式民居。除"簸箕院"外，也有少量的深宅大院，是以四合院为单元，进行空间组织的。所谓"四合院"，是指在院落的四周建造房子，围合成比较封闭的院落形式。虽然同为四合院，但由于地域的差异，也仅仅是四面围合而已。并且，根据其所涉及院落的空间尺度、围合方式、建筑形制等方面，还是有别于其他地方的。良户古村的四合院，正房、东西厢房很少设置外廊，开窗也较小，从一层至二层，几乎是三面砖墙，一通到顶，当地老百姓形象地称之为"镜面楼房"。所谓镜面，意即光面，将这种楼屋叫做镜面房，是一种非常生动而有趣的叫法。但在倒座部位，则布置进深较浅的廊庑，并作为重点装饰部位。一般而言，中部设仪门，既有木雕，又有石雕。更有甚者，在仪门的两侧布置精美的、左右对称的砖雕影壁，装饰之豪华，寓意之深刻，令人无法想象（图4-4）。

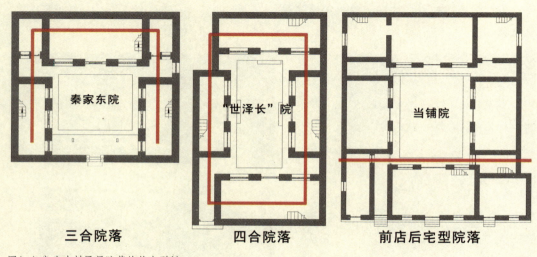

三合院落　　　　　　四合院落　　　　　　前店后宅型院落

图4-4 良户古村民居院落的基本形制

　　良户地处丘陵地区，高低起伏较大，民居院落往往在前后之间高低错落，形成了立体的村落景观。无论是三合院，还是四合院，院落的东西、南北尺度，比例接近1∶1。一般而言，正房位于北侧，三开间，两层或三层，楼梯设在室内。底层为一明两暗平面形式，当心间开门，左右次间为槛窗。东、西厢房也是三开间，一般为二层，楼梯也在室内。有的合院民居，还在正房、倒座两端设置耳房，便形成了当地称之为"四大八小"的院落。也有一些民居，由于地段的限制，厢房的进深很小，所以四个角的厦房仅有四间，被称为"四大四小"。在良户古村，"四大八小"的院落较为少见，最多也就是"四大四小"，这一点有别于晋东南其他地方民居的形式（图4-5、图4-6）。

　　规模较大的宅院，由前后、左右几进院落组成。前后院各有正房与厢房，后院的倒座

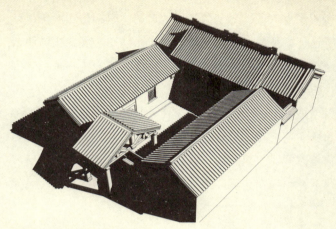

图4-5 "簸箕院"的空间意象

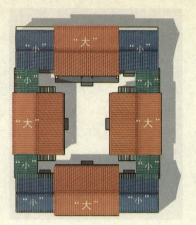

图4-6 "四大八小"的空间意象

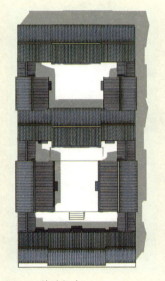

图4-7 前后组合

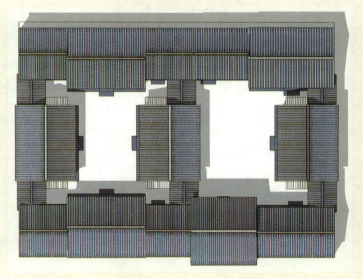

图4-8 左右组合

就是前院的正房。第一进院的正房，为施行接待礼仪的厅房，一般为单层，但其高度甚至超过了两层高度的厢房。所谓厅房，既有接待功能，也有交通功能，常作为可以前后穿越的厅堂，故而也称过厅。在厅堂后墙上的正中部位，设有后门，可以直通后院。第二进院的正房、厢房，常为两层，个别宅院，也有将正房建成三层的，形成前厅、后楼之格局。厅堂是家族的脸面，村民对厅堂的装饰非常讲究，普遍施以斗栱、彩绘，规格比后院的正

房还要高。也有一些厅堂，设有月台，更显气派。厅堂两侧设置过门，有的是在两侧建有进深很小的厢房，形成一条狭长的巷道，既是通道，又具防火功能。院落之间的横向组合方式，可以是四合院，也可以是三合院，依据地形的高低广狭而定夺，良户古村多数院落的组合采用的就是这种形式（图4-7、图4-8）。

在良户古村，乡民将四个三合院或四合院，东西南北组织在一起，形成的院落组群称之为"棋盘院"。对于这样规模较大的院落而言，交通流线能否处理恰当，将是至关重要的。一般而言，良户村民居院落的连接方式，主要有边门连接、院落连接与巷道连接三种形式。所谓"边门连接"，是指院落紧密地靠在一起，通过正房与厢房、厢房与倒座之间

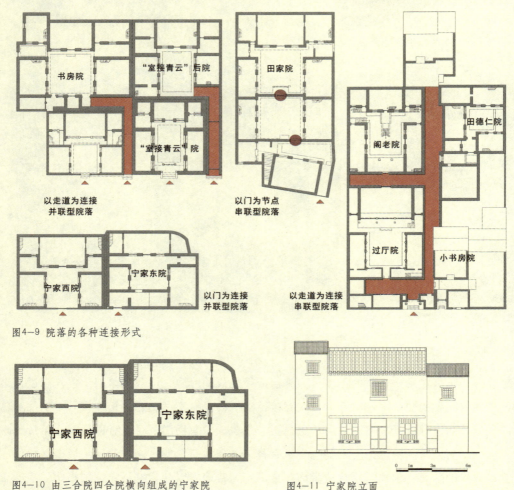

图4-9 院落的各种连接形式

图4-10 由三合院四合院横向组成的宁家院

图4-11 宁家院立面

的开门进行连接的院落形式。而"院落连接",是指通过一个单独的院落将几个院落的入口组合起来,这个院落通常有自己的厢房或者倒座,自成一院。所谓"巷道连接",可以看作是院落连接的简化形式,即院落没有厢房或倒座,而简化为用巷道连接的形式。这种巷道不同于村落级别的巷道,它是经过有意的设计与营造,比村落级别的巷道规整,且有明确的界限,私密性进一步加强。"院落连接"与"巷道连接"的形式,对于建筑群体空间节奏的渲染,有很大的帮助作用。它是一个缓冲与过渡的空间,而且往往成为造景的重要因素。院落是平面组织的中心,以院落为中心才能达到居住功能的完善,院落的重要性和房屋完全相等。院落在功能上,满足了各房间的采光与通风要求,是家务劳作、接客待友、休息聊天、敬奉神祇的场所。院落是内外空间的中介空间,区别于无限制的院外空间和完全封闭的内部空间,既封闭又开敞,成为合院民居独特的有机组成部分。良户古村民居院落的交通组织布局合理,匠心独运,往往将几种组合方式综合运用,较好地满足了居民的日常使用要求(图4—9~图4—14)。

图4—12 宁家院外观

图4—13 宁家院内院

图4—14 宁家院宅门

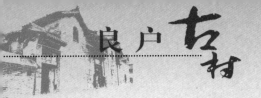

二、蟠龙古寨侍郎府

在良户古村的寨上自然村，最主要的建筑是侍郎府。侍郎府的东、西两侧，分别有东宅、祠堂、佛堂和前西宅、后西宅，府后有田家的后花园。寨上也称其为"蟠龙寨"，是明末清初，百姓结堡自卫的产物。田家在明代中期，已经在此经营建设，到明朝末年，在田驭远的主持下，陆续完成了西阁、蟠龙阁、寨墙、侍郎府等多项工程（图4-15、图4-16）。

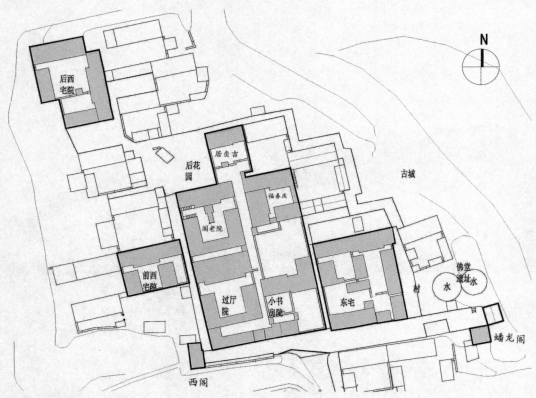

图4-15 蟠龙寨平面图

图4-16 蟠龙寨西侧鸟瞰

图4-17 后西宅大门

图4-18 后西宅外观

图4-19 前西宅外观

山│西│古│村│镇│系│列│丛│书

后西宅和前西宅，是蟠龙寨上现存的最早建筑，经考为田逢吉的祖辈和父辈在明代末期修建。后西宅位于蟠龙寨的西北角，为两进院落，头道门设在东南角，二道门偏东，东、西厢房和倒座的高度低于正房少许。院落规整，尊卑有序，门墩、窗台、门楣、檐角等处，装饰精美。有的雕刻图案，如小猫戏绣球等极富地方特色。许多砖雕和石狮子造型优美，雕刻细腻，是不可多得的艺术品。前西宅为非常标准的三合院，宅门居中，为随墙式门，山墙向外，造型简洁，左右对称，保存相对完整。无论是从平面形制、整体结构、屋顶形式、门窗装修，还是从楼廊装饰、柱头雕刻和墙面雕砖来看，均保留了明代建筑简朴流畅的艺术风格（图4-16～图4-19）。

东宅与侍郎府的东侧院墙相毗连，二者之间有狭长的甬道，直达后花园。东宅原为"棋盘院"式格局，东、西、南、北各有四处院落，但目前已很不完整。从现存的格局看，西侧为主院，东侧为附院，四个院落之间，空间的利用非常充分，堂屋高大，门户小巧，既有联系，又有分隔，主次分明，秩序井然。过去，田家人皆信仰佛

图4-20 东宅外观

图4-21 东宅侧门

图4-22 东宅入户门之一

图4-23 东宅入户门之二

教，曾在东宅的东部，蟠龙阁的北侧，设有佛堂，今已被拆毁，仅存遗址。从遗址的痕迹来看，佛堂的建筑规模不小，所以当地乡民也称之为"佛堂庙"（图4-20～图4-23）。

侍郎府处于蟠龙寨的中心区域，是寨上村最重要的建筑群，东宅、西宅均以其为中心，居于陪衬地位。由于侍郎府为清初重臣田逢吉的故居，故当地乡民也称之为"阁老院"。侍郎府雄踞于高岗上，东、西、南三个方向均为深沟，北接高塬，最大高差有15米之多。蟠龙寨的寨墙，底层为红砂石，上层用城砖砌筑，顶部一如城邑，有垛口、戍楼、马道，做工讲究，坚固无比，易守难攻，兼有军事功能。侍郎府东西宽36米，南北长69米，总占地面积为2484平方米，总建筑面积为1240平方米，规模宏大，规划严谨，具有较高的科学、历史和文化价值。侍郎府的平面布局比较复杂，由厅堂院、阁老院、书房院、管家院和"居贞吉"等大小六个院落组成，院落之间以甬道连接（图4-24、图4-25）。

图4-24 侍郎府平面图

图4-25 侍郎府宅门

侍郎府坐北朝南，一进四院，东西两个跨院。宅门高大，采用十一踩斗栱，意指宅主人为朝廷重臣，一品大员。进入宅门，来到一处狭长的院落，为侍郎府的前院，与侍郎府厅堂院的空阔高大形成鲜明的对比。一个巨大的砖雕照壁与门楼相对应，砖雕上用麒麟、海水、花卉、凤凰、寿山、灵芝、火球、祥云以及各种宝物的图案构成画幅，总的寓意是"寿山福海"、"吉祥如意"。影壁十分精美，动人心魄。照壁西侧，正对倒座处，为厅堂院的院门，进入院内，一座高大的厅堂映入眼帘。厅房三开间，左右各有一间耳房，石柱木梁，格子门窗，额枋上部搁置各种动物木雕和斗栱，雕刻精美，寓意悠长，代表着主人的品位与修养。厅堂用材硕大，装饰豪华，麒麟、凤凰、耕牛等雕塑十分精巧，两侧厢房门窗装饰亦很精美，衬托这个院落更显雍容华贵，富丽堂皇，体现了良户古村民居建筑的最高水平。厅堂的后侧有一后门，可以直达后院（图4-26～图4-30）。

图4-26 侍郎府第一进院

图4-27 侍郎府厅堂院

图4-28 侍郎府厅堂院厢房

图4-29 侍郎府第一进院垂花门

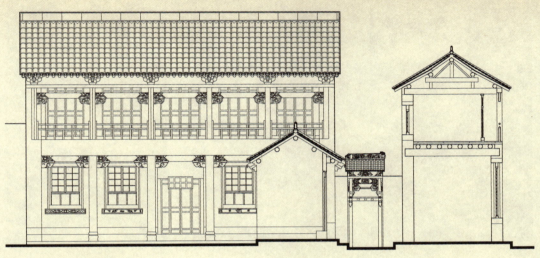

图4-30 侍郎府厅堂院剖面

通过第一进院的垂花门，便进入侍郎府的书房院。书房院为清初建筑，是田逢吉病退里居后的读书处，同时也是供田氏家族子弟求学的地方。书房内，原来挂有很多圣旨，以及一些田氏族人被敕封或诰封的牌匾，用以激励后人积极上进，求取功名。院落中，从前种植梅、兰、菊、竹等四时植物，象征主人淡泊明志，志向高远，可惜今已不存。书房院的布局，小巧玲珑，空间有序，是侍郎府的重要组成部分。书房院的西侧，与厅堂院的连接处，有一条狭长的甬

图4-31 侍郎府书房院

道，可以通向后院。为了打破甬道的逼仄感，在甬道行进的方向上，或设置照壁，或架设门楼，取得了丰富的景观效果（图4-31～图4-34）。

|山|西|古|村|镇|系|列|丛|书|

图4-32 侍郎府的甬道

图4-33 甬道上的照壁

图4-34 甬道上的垂花门

甬道的尽端为"居贞吉"院，顾名思义，应为女眷的居处。该院落仅为一进院，布局简单，倒也清静，体现了中国封建社会男尊女卑的思想意识。在"居贞吉"的东南部，甬道的东侧，有一处较为讲究的院落，牌匾上书"福善庆"，据说为田家的管家院。该院紧傍侍郎府，处于从属地位。"福善庆"院为四合院形制，规模较小，等级较低。尽管是下人生活起居的地方，但也是尺度宜人，布局紧凑，充满了生活的情趣，体现了田氏家族在当时当地的真实境况。穿过"居贞吉"院，便到达侍郎府的后花园，至今仍然古木参天，

图4-35 "居贞吉"院大门

图4-36 "福善庆"牌匾

图4—37 "福善庆"内院

图4—38 "福善庆"院过门

花木扶疏,曾几何时,这里是田氏家族孩童及女眷游玩之处。据说,田逢吉从浙江园林之中汲取了灵感,后花园的形制具有南北合璧的风范。时至今日,侍郎府的门楼、影壁、厅房、后院、花园,既有森严的等级秩序,又有严密的防卫意识,还有活泼的娱乐处所,是中国礼乐文化的有力见证(图4—35～图4—38)。

从甬道向北行进,过了照壁西拐,便来到侍郎府的第三进院。院落狭窄,呈东西走向,南接厅堂,北达后院。进入后院,便是著名的阁老院,也是侍郎府的最后一进院落。

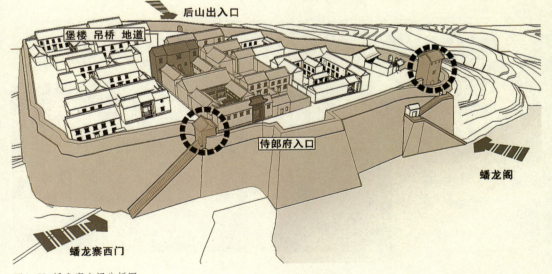

图4—39 蟠龙寨空间分析图

图4—40 铁箍门　　图4—41 地道　　图4—42 吊桥的吊环　　图4—43 供水槽

图4—44 侍郎府后院剖面图

该院为四合院，正屋面阔三间，进深5米，是一组碉堡式建筑，三层高，一层全用砂石条围筑，并不开门。二层用砖垒砌，为防止敌人攻击，墙厚达一米，南面开门，除铁裹之外，外

图4—45 侍郎府后院正房　　图4—46 侍郎府后院内院

面架设吊桥，今吊桥虽毁，但桥孔的铁环尚在，隐隐然有金戈之声。可见，田氏族人在经历了明末的流寇侵略之后，处处防贼。为了加强防卫意识，前院和后院之间的过门一般不开。通过东侧的狭长过道，绕道厅房后面方可进入。后室没有普通大院的温馨感，而是十分强调防卫功能，狭窄的通道是一条死胡同，贼人一旦进入，将很难逃出。为了不让外人知晓里面的防卫设施，巧妙地设计了供水通道，由仆人从院墙外挑水，倒入连通后院的专用石质水槽，并经检验后方可使用，体现了浓重的防卫意识。后院的倒座和门道，三雕相当精美，只是北面正屋和东西厢房，气息肃杀。侍郎府建筑群，具有较强的防卫功能，有一定的军事研究价值（图4-39～图4-46）。

三、双进士院踞凤首

良户古村的民居建筑，集中连片，风貌独特，主要分布于东街、西街、太平街、后街等大街小巷的两旁。位于西街保存较好的民居院落，有郭仕直院、李家院、高家院、罗家院、邵家南院和邵家北院等；位于东街的有牛家院、马家院、当铺院、宁家院和赵家院等；位于太平街的有田家院、李家院和王家院等；位于后街的有秦家院、苏家院、阁子院、郭家院和田家六宅院等。过去，人们将良户古村称之为凤凰村。既然是凤凰，就应该有头部和尾部。据村民称，村子的凤凰头和凤凰尾，分别位于良户古村正街的南、北两端。郭家双进士院，位于良户古村正街南尽头，当地人叫作南楼圪洞，相传被视为凤凰头。位于良户古村北端的阁子院，相传为凤凰尾（图4-47～图4-50）。

图4-47 双进士院前院外观

图4-48 双进士院后院外观

山｜西｜古｜村｜镇｜系｜列｜丛｜书

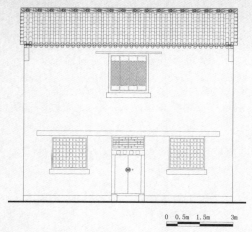

图4-49 双进士院后院厢房立面

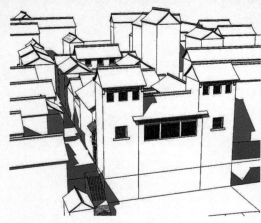

图4-50 双进士院历史格局示意

历史上，良户古村是一个杂姓聚居的村落，由于房屋主人更替频仍，所以这些院落的叫法非常杂乱，同一所院落，两种叫法的情况很多。为了统一良户古村民居建筑的称谓，在本文中，能够确认始建年代的民居，以花梁记载的宅主人的姓氏为准。不能确定的，以近期房主人的姓氏为准，以免引起混乱。

双进士院占地面积765平方米，在原村河改道前，紧邻岸边。原有四进院，后由于修路，最南端的院落被拆毁，现仅存两进院，称为前院和后院，已不完整，破坏严重。从其历史格局来看，双进士院始建于清嘉庆二十二年（1817年），宅主人郭桡为太学生。郭家是良户古村的大户人家，起初以经商起家，至清代中叶，读书人渐渐地多了起来，后代多有致仕者。

双进士院为南北纵向布局，东西宽17米，南北长45米，与原村河的最大高差有8米之多，由两个合院和两个窄巷组合而成。从南搂圪洞巷往北拾级而上，便到达第一进院，西侧院墙上有一垂花门，作为主要的院门。第一进院东西较长，南北很窄，仅有3米左右，与其说是院落，倒不如说是天井。东、西两侧，布置厢房，南侧为倒座。倒座临河而建，主体两层，两侧局部三层，坐落在由层层砂岩砌筑的台基上，气势雄宏，动人心魄。第一进院向北，即进入二进院。事实上，该院为厅堂院，是整个建筑群的重点。大门正对的厅堂为三开间，一层；左右各有一间耳房，二层；东、西两侧为对称布局的厢房，三开间，二层。倒座进深不足2米，做工非常讲究，中间设置仪门，两侧为砖雕照壁，廊子用白砂石柱，柱子间为精美的木雕挂落，建筑装饰鬼斧神工，极尽华丽，令人叹为观止（图4-51～图4-53）。

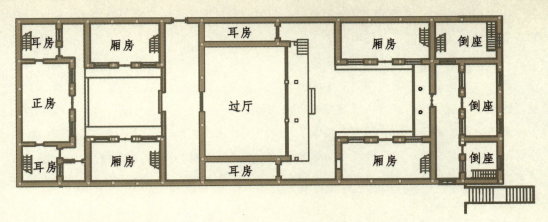

图4-51 双进士院历史格局平面示意

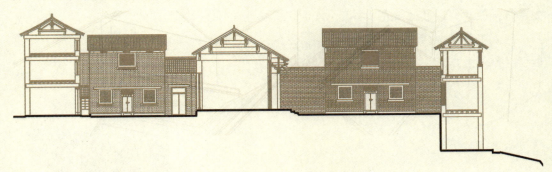

图4-52 双进士院历史格局剖面示意

图4-53 厅堂院倒座

厅堂的北墙上，设有后门。通过此门，即进入第三进院。该院也为天井式庭院，主要解决交通疏散问题。院落东侧设有侧门，可通向户外。由此院向北，直达双进士院的最后一进院落。该院为宅主人的内宅，正房三间，东西各有一间耳房，高达三层。院落两侧为东、西厢房，是高平普遍存在的二层镜面楼房，后院的空间比厅堂院略窄，倒也清静。纵观双进士院，空间布局紧凑，尺度高低广狭，形成对比，是良户村郭氏家族最为精美的院落。基于家族的繁衍，历史的变迁，以及村落空间的局限，良户村郭家的民居建筑，散落在村落各地，并非简单地聚族而居。据老人讲，过去在西街的南侧，曾有郭家的银楼，以及各种手工作坊，可惜如今只存遗址。这些遗址，承载着良户古村的千年历史，具有较高的历史价值，弥足珍贵。

良户古村保存较好的郭家宅院还有两处，一处位于后垯巷北侧，阁子院的后头，与蟠龙寨隔沟相对。该院为二进，由两个三合院纵向组合而成。院落东侧，旁有一门，低门矮户，门上书有"古桐源"三个行书大字，遒劲有力。目前，院落已有改建，但格局仍然完整，宅主人为郭晚锁（图4-54、图4-55）。

图4-54 郭晚锁院远眺

图4-55 郭晚锁院东宅门

另一处郭家宅院，位于西街的尽端，唐槐古树的西侧，始建于清乾隆十五年（1750年），花梁上记载的宅主人，本为田嵓，但不知始自何年何月，为郭家所有，故今天仍然称之为"郭仕直院"（图4-56、图4-57）。

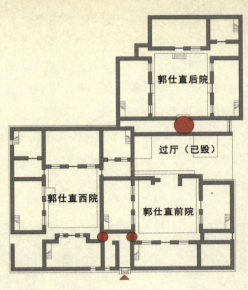

图4-56 郭仕直院平面

图4-57 郭仕直院入户门

该建筑原有四处院落，由西至东，次第称之为"郭仕直西院"、"郭仕直前院"、"郭仕直后院"和"郭仕直东院"。这四处院落与东侧的李家院，围合成为一处开敞的室外场所，南接西街，具有休憩广场、交通枢纽的使用功能。在这个小广场中，布置有石磨、打谷场等设施，解决了人们日常生活、生产的需要。场地的东侧，有一株槐树，树干粗大，枝繁叶茂，据称为唐槐，距今已有千余年的历史。唐槐古树的下面，为人们提供了休闲、聊天、传播信息的空间，位于西街尽西端，是重要的公共服务中心。由此可见，良户古村公共服务系统之方便、完善，无愧于"诗意栖居地"这个称谓。

从小广场向北、向西行进，即可进入郭仕直院内。郭仕直东院，现已被改建得面目全非。其余的三处院落，格局保存完整，传统风貌犹在。此三处院落，空间布局严谨，流线组织合理。庭院方正，皆用砂石铺地。进入宅门，迎面正对的是东院西厢房的山墙，山墙上原有照壁，今已不存。在照壁的东西两

图4-58 郭仕直院内院局部

侧，设有两个小巧玲珑宅门，向西进入西院，向东可达前院。西院为一进四合院，属于典型的"四大八小"合院的格局，但其东厢房却开向东侧前院，此为特殊之处。正房、东西厢房及倒座，均为三开间，二层。房屋采用镜面式楼屋，楼梯设在屋内，除入户门外，皆用槛窗，压窗石雕饰精美。从现存的平面格局来看，郭仕直前院、郭仕直后院均应为主院。前院本为厅堂院，可惜厅堂已毁，仅留遗址。从厅堂向北，进入狭窄的弄巷。由此向北，可达后院，后院为三合院格局，设有主人寝房。由弄巷向东行进，进入郭仕直东院。此三处院落，空间纵横交错，布局有致，秩序井然，具有较高的建筑学研究价值（图4-58）。

四、凤凰尾处阁子院

阁子院位于后街之北，后垴巷之南。后街是良户古村北部东西向的主要街道，与正街形成"丁"字形。丁字口上有一座真武庙，从此处向东通向六宅巷，向西则通往后垴巷。此地段是良户古村田氏家族最早聚居的地方，大多数建筑为明代中后时期兴建。这里房屋密集，鳞次栉比，街巷狭窄，曲折蜿蜒（图4-59）。

从真武庙向西，依次有苏家院、阁子院、秦家东院和秦家西院。历史上，阁子院与苏家院本为一体，同属田家老院，苏家院应为阁子院的前院，即厅堂院。不知何时开始，归苏家所有。据村民传说，阁子院地处良户古村凤凰的尾部，所以田家代有人才。阁子院的北

图4-59 阁子院外景

部，原是田家的后花园，也称之为"百果园"。时至今日，此地被一批新建的民宅占据，早已看不出当年的任何一点印记（图4-60）。

图4-60 阁子院位置图

从历史格局看,阁子院由两个三合院南、北纵向组成。东西宽19米,南北长34米,占地面积646平方米,基址平坦,但与后巷有将近4米的高差。在阁子院与秦家院之间,留有一条1.5米宽的甬道,既是通往后院的通道,也是汇集雨水的排水道。因为阁子院的后墙紧

邻崖壁,所以用砂石砌筑了挡土墙,墙底留有泄洪渠,用以防止雨水的侵蚀。

阁子院前院,即现在的苏家院,大门居中,为木结构垂花门。垂花门的空间很复杂,由外进入,对面又有一门,平常不开,只能左右通行。该门也称之为"仪门",只有在重大的季节或日子,才开启使用。日常相当于影壁、屏风之功能,用以遮挡视线,以免路人对院内的活动情况一览无余,体现了内向的空间观念。由于门外的街道只有2.7米,所以将

图4-61 阁子院前院西厢房

图4-62 阁子院前院倒座垂柱

图4-63 阁子院前院倒座

台阶退入门内,不过多占据公共空间。由此可见,农耕社会时期,村民的思想觉悟有多么崇高。阁子院的厅堂,现已被改建为新式的二层农宅,看不出原有的历史风貌。东西厢房尚存,其开间数,均为明三暗四。厢房为砖木结构式的二层镜面楼屋,左右对称布置,造型简洁。倒座三开间,进深很浅,仅有1.5米左右,但装饰华美,左右为砖雕照壁,砂石柱间,垂梁吊柱,斗栱飞檐,代表了良户古村木雕工艺的最高水准。东、西厢房与倒座相互交叉,从外观看,给人以明三间、暗四间的感觉(图4-61~图4-63)。

阁子院的厅堂设有后门，可以直通后院。厅堂与西厢房之间，原开有侧门，通向甬道，再从甬道抵达后院，今已堵死。阁子院后院为良户古村现存较早的民居建筑，据花梁题记，始建于明万历十二年（1584年），已有428年的历史。传说为浙江巡抚田逢吉，及康熙年间的进士田光复的出生地。该院也为三合院格局，正房三开间，左右各设两间耳房，高达三层。厢房为二层，三开间，对称布局。阁子院后院，布局严谨，尺度宜人，是良户古村保存较早、较好的明代民居建筑之一（图4-64～图4-67）。

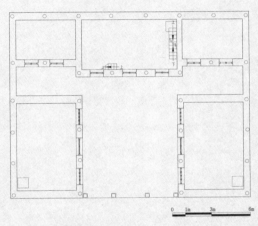

图4-64 阁子院后院二层平面

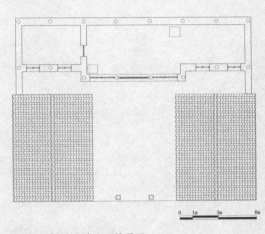

图4-65 阁子院后院三层平面

图4-66 阁子院甬道

图4-67 阁子院后院内景

阁子院西侧的秦家院，历史也很悠久。该院与阁子院隔巷相连，分为东院和西院，其中，东院保存较好。秦家东院为三合院格局，院落方正，正房三间，左右各有一间耳房，共二层，但耳房略低于正房。倒座三间，明间比次间宽出很多，也为畅廊式布局，中有宅门，两侧设置照壁。东、西厢房各三间，也为二层。囿于地形限制，东、西两院采用横向组合的方式，因地制宜，因境而成（图4-68～图4-71）。

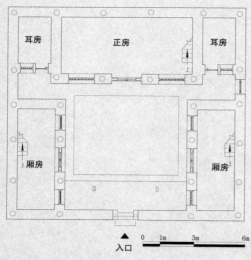

图4-68 秦家东院一层平面

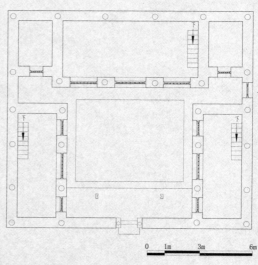

图4-69 秦家东院二层平面

图4-70 秦家东院正房立面

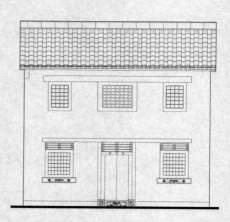

图4-71 秦家东院厢房立面

由真武庙向东行进，过了扶风阁，便来到六宅巷。这里是田氏家族的聚集地之一，因为建有田家的第六处宅院，故将此处东西走向的巷道命名为"六宅巷"。紧邻扶风阁北侧的院落，原为两进、两跨院，如今破损严重，已被分给几户人家居住。据当地村民讲，该宅院为良户古村田氏后二门、八世孙，田驭相之子，康熙三十六年（1697年）的进士，田光复后期的宅院。田光复为山东兖州府邹县知县，后补授四川直隶邛州浦江县知县，曾任巡按山西督理河东盐课都察院监察御史。在《泽州府志》中，曾记有其详细的业绩。旧时，宅院的石牌坊大门上，原来刻有皇帝的敕封文诰，今已破损不堪，梁枋散落在村中各处，院前仅留有几根孤零零的石柱子，惨不忍睹。从现存的院落格局来看，宅院为四个三合院组成的建筑群落，布局紧凑，规模较大，尺度亲切。特别是在外观造型的处理上，匠心独运，与街巷应对进退，形成良好的对话、呼应关系，同时也造成了良好的巷道景观，并顾及了与蟠龙寨的对景关系（图4-72、图4-73）。

图4-72 六宅院西院

图4-73 六宅院东院

五、太平街西邻古居

　　如前所述，良户古村为多种姓氏组成的聚落，即便是同一姓氏，也很难保证其能够聚集在一起聚而居之，其宅院的分布非常分散。村中的他姓人家，其家族势力，也是此消彼长，时有变化。唯其如此，除六宅巷处的田氏宅院外，在古村的太平街上，还留有一处风貌较好的田氏老宅。太平街是良户古村中部靠西的主要街道，也是百姓聚居较密集的区域。在这条街巷的两侧，由东向西，依次分布着袁家院、田家院、李家院、陈家院和王家

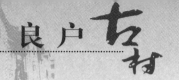

院等民居建筑。这些建筑，历史久远，有的建于明代，有的建于清代，距今已有三四百年的历史，具有较高的研究价值（图4—74）。

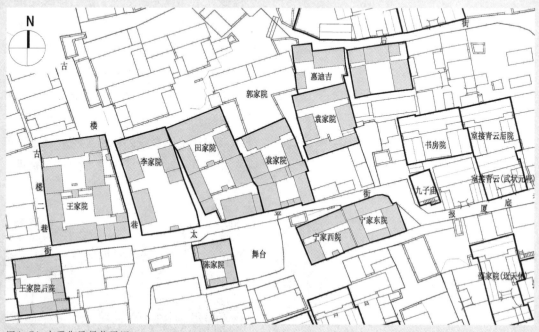

图4—74 太平街民居位置图

田家老宅位于太平街北侧，坐北朝南，三进院落，东西宽18米，南北长36米，占地面积648平方米。院门位于东南角，第一进院与太平街平行布置，二、三进院按照东南方向布置，使得第一进院虽然形成不规则的格局，但却取得了与地形的良好对话。该院落格局完好，建筑单体风貌犹存（图4—75、图4—76）。

图4—75 田宅平面图

图4—76 田宅院门与石磨

东南角的门楼高二层，门额木刻"永和第"三字。门扇高2.8米，宽0.77米。门楼西有面阔3间、高2层的楼房，向内开门。该楼山墙宽大，楼上有临街窗户，从西向东相连排列。从该楼西侧，可拾级而上，进入楼内。临街窗户后，为楼内走廊，楼上房间另设门关闭。这种长廊，也称之为"轩"。轩内常设桌椅，供人小憩和观赏窗外景物。据说，该轩面对南面的舞台，供院内女眷们看戏时使用，说明田宅门外应有戏台，但今已不存。田宅的一、二进院，紧密相连，只用院墙分隔空间。二进院东、西厢房各四间、两层，西厢房北侧的一间为厕所。在砌筑墙体时，留有通气孔道。墙上布置方形"圪窑"，供人夜间如厕时放置灯具或蜡烛使用。二进院的院门为拱券结构，门额刻"安处善"三字。进入券门，便到第三进院。院内有正房三间，上开三个槛窗，下层居中开门，左、右为窗，东、西两侧设置耳房，层高比正房略低。院落的东、西两端，分别布置三间厢房，两层，楼梯设在室内（图4-77～图4-83）。

图4-77 田宅沿街外观

图4-78 田宅一进院

图4-79 田宅二进院

图4-80 田宅二进院厢房

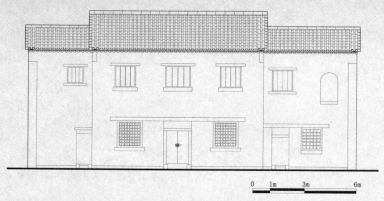

图4-81 田宅二进院大门　　图4-82 田宅三进院正房立面

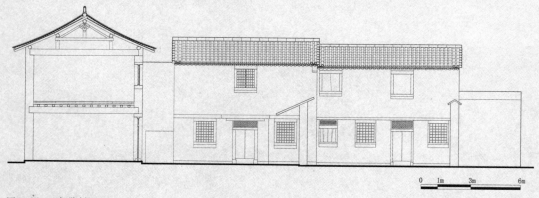

图4-83 田宅纵剖面

　　良户古村袁家的宅院，与西侧的田氏老宅相接壤，集中在太平街的北部，后街的南侧。袁家始自何时在良户古村定居，已无从考证。据乡民讲，良户袁家也是经商起家，兼营手工业。至少是在清代中后期，家业已经兴隆，遂在村中置地购房。从遗存格局来看，太平街的袁家宅院，原有五处院落，靠西侧的为二进院，靠东侧的为三进院。东、西两院毗连布置，中间有一条长长的甬道，直达后院（图4-84）。由于太平街和后街的形态并非笔直的街巷，而是曲折蜿蜒，斗折蛇行，导致沿街民居的院落很难布置得方方正正，由此袁家的宅院在布局时，依据街巷的走向，随形就

图4-84 袁家院大门

势，自由灵活，形成今日的平面格局。如同众多的良户民居那样，袁家宅院也以三合院或四合院的形式为主，倒座进深很浅，大门居中，左右厢房，正房带有耳房，这恐怕是当地居住的风气和习俗使然。靠近后街的袁家最后一进院落，门上书有"惠迪吉"三个大字，代表着主人心愿和追求（图4-85~图4-87）。

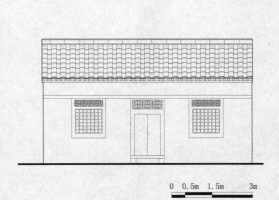

图4-85 袁家院前院厢房立面

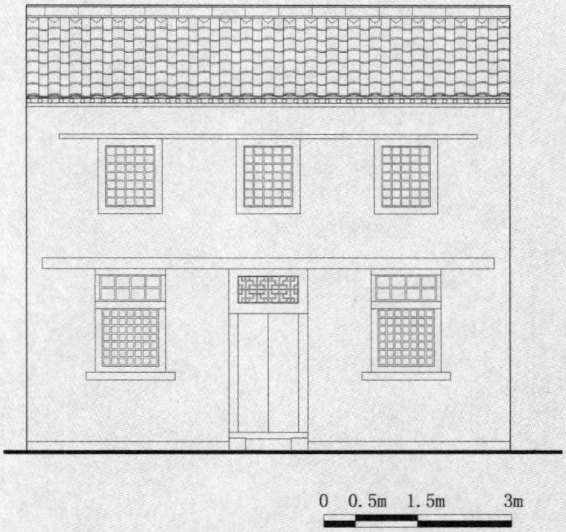

图4-86 袁家院后院厢房立面

紧邻田氏老宅的西侧院落，为良户古村的李家院。从一些花梁、题记来看，李家在良户古村的定居历史，非常悠久，对民居建筑的营造，也最为讲究，是良户古村最好的民居。由于

图4-87 袁家院正房立面

时代的变迁，房屋主人的更替，现存的一些李家宅院，已为他姓人家所有。

太平街北侧的李家院，标记明确，但破损非常严重。从一些现存的房屋遗址上来看，

山｜西｜古｜村｜镇｜系｜列｜丛｜书

依然依迹可循。李家院原有两进院落，为南北纵向布局，规模宏大。现仅剩一进院落，即后院。前院的院墙已被拆除，垂花门孤零零地站在那里，仿佛在向过往的行人，讲述着历史的沧海桑田（图4-88～图4-93）。

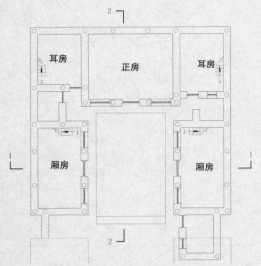

图4-88 李家院一层平面

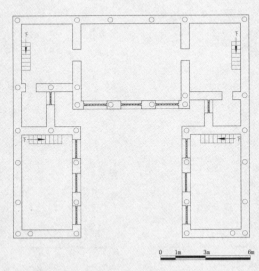

图4-89 李家院二层平面

图4-90 李家院外观

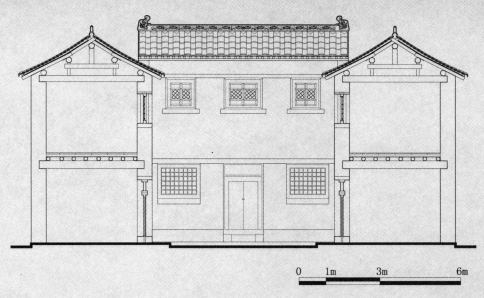

图4-91 李家院1-1剖面

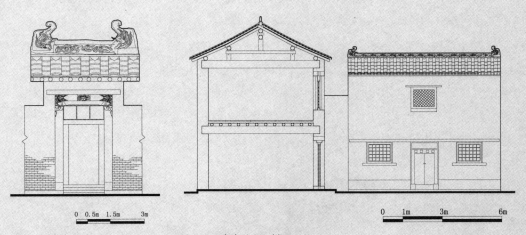

图4-92 李家院大门立面　　图4-93 李家院2-2剖面

据《王氏家谱》记载，王家在良户古村定居，始自明末清初。王家的宅院比较集中，分布在太平街西端的南北两侧。现存较完整的宅院是地处太平街北侧的"邻古居"，因宅门的牌匾上，书有"邻古居"三个大字，故名之。

"邻古居"在鼓楼巷的西侧，与李家院隔街相望。该建筑始建于清乾隆年间，由王家

115

五世孙王增率领儿子王履吉等人修建。王家最初在山东做生意，到王履吉一代，已经中兴。因王履吉曾捐赠布政司理问一职，其祖、其父均受到朝廷的敕封，所以王家宅院在建设时，已具有仕宦人家的规制。"邻古居"坐北朝南，南北长34米，

图4-94 王家院外观

东西宽窄不一，短边21米、长边25米，占地面积810平方米。其平面形制，有异于村中大多数宅院的布局方式，具有异域风情，类似北京四合院。这可能与王氏族人常年在外经商、多闻广见的阅历分不开的。

西侧为主院，南北纵向布局，二进院落。大门居东南方向，门楼高耸，木雕精美，对面山墙设置照壁。倒座共有七间，中间三间突出院内，院落左右各有四间厢房，其中有一间为楼梯间。倒座对面为内宅的仪门，采用拱券结构，仪门里外原有廊厦，今已不存。进入仪门后，直达内院，正房三间，左右各有两间耳房。内院的厢房，东西各有三间，进深比前院的厢房深许多。主院的东侧为偏院，作为日常的杂物院使用（图4-94～图4-97）。

图4-95 王家院大门

图4-96 王家院二门

图4-97 王家院夹道

六、良户东街当铺院

良户古村的东街和西街，相会于正街南端的观音堂。正如前述，明清两代良户古村商业繁华，商人接踵而来。东、西大街为必经之路，两侧的民居院落，兼有商住功能，大多数为"前店后宅"的居住模式。油坊、板店、磨房、估衣店、各类匠铺等商业、手工作坊，密密匝匝地分布于东、西大街两侧。良户古村的牛家、马家、赵家、宁家、张家等，世代居住在东大街上，经营着客栈、典当、板材、酒馆、饭店等业务，由此产生了"德茂典"、"天元昌"等老字号。这些老字号除了在本地经营外，还将生意做到了大江南北，可见，昔日泽潞商人之繁荣景象。而位于良户东街的当铺院，也是其中的一例（图4-98）。

图4-98 东街民居分布图

山|西|古|村|镇|系|列|丛|书

当铺院位于东街北侧，马家圪洞巷的东侧，坐北朝南，东西宽19米，南北长23米，占地面积为437平方米。大门开于西南角，门前有四级砂石台阶，门上阑额刻有"德茂典"三字，俗称"当铺院"。拾级而上，进入大门，迎面正对西厢房南山墙上的照壁，刻有砖雕图案。几何中心的图案为麒麟，长0.6米，宽0.6米。四周饰以富贵牡丹、莲花童子浮雕。可惜童子的头部已被毁坏。砖雕整体高2.7米，宽1.65米。由此向东进入院内。正房三间，二层，并有东、西耳房。东、西厢房各三间，两层，上设三个槛窗，下部中间开门，左、右为窗户。南房临街开门，院内堂房实际为一过厅遗构，可通向后院。从后墙上可见券洞痕迹。过厅结构特殊，实不多见（图4-99～图4-101）。

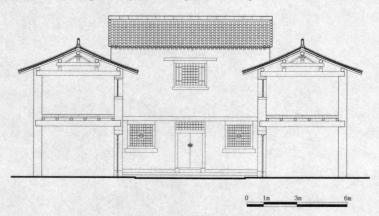

图4-99 当铺院前院正房立面

图4-100 当铺院前院宅门

图4-101 当铺院前院内院

"稽古廛"院位于马家圪洞巷尽端的东侧,原为"当铺院"之后院,现已成为独立院落,供村民居住。该院大门开于西南角,上为门楼,下为门道,大门的门脸有梁枋、垂柱、斗栱等木结构构件。这些构件拼砌在墙上,两层梁枋之间书有"稽古廛"三个大字。院落内的所有石作,全部用砂石,但花纹雕刻很少。院内有堂房三间,两层。西厢房为二间,与门道连为一体,下层设有厨房。东厢房为三间,两层,面阔仅4.88米,二层和底层的窗户,开窗面积较小。东厢房南侧,设置楼梯供人上下。从其布局形制来看,该院应为"当铺院"收藏古董的库院,同时也是古玩专家进行稽古考察之处所,故称之为"稽古廛"(图4-102~图4-105)。

图4-102 "稽古廛"门匾

图4-103 当铺院后院宅门

图4-104 当铺院后院内景之一

图4-105 当铺院后院内院内景之二

良户古村

山｜西｜古｜村｜镇｜系｜列｜丛｜书

在马家圪洞巷的尽端，"稽古廛"院的西北角，有一处宅院，为一进四合院，大门居于东南角，门匾上书"天恩赐爵"。大门屋顶为硬山顶，屋顶上覆有瓦面、屋脊、屋角和走兽。门脸上有梁枋、垂柱、斗栱，两边屋角翘得很高。门上木雕门罩，左右有两根不落地的垂花柱，柱间横架着两道梁枋。大门门扇下面，是方座形门枕石，造型规整，雕刻着锦鸡、牡丹等图案。石座上有守护大门的狮子，可惜已经损毁。进入大门，正对着的是砖雕座山影壁。影壁根据用材不同分为两段。下层为砂石须弥座，上部为砖雕壁身、壁顶部分。在甬道上设有第二道门，规格小于大门，但也有砖雕门脸，上为挂落、垂花柱、花卉、斗栱等构件，两道砖雕梁枋之间书"尊德性"，上枋上面有两朵斗栱承托着屋顶。屋顶为悬山顶，屋顶上覆有瓦面、屋脊、屋角和走兽。正房面阔三间，分为两层，底层明间为格扇门，左右次间为槛窗。左右各有耳房一间，也为两层，底层为格扇门，二层为槛窗。东、西厢房面阔三间，二层，只有中央开一槛窗（图4-106、图4-107）。

图4-106 "天恩赐爵"院宅门

图4-107 "天恩赐爵"院内院

在良户古村东街的北部，东圪洞巷的西侧，土地庙的旁边，有一处宁家院，该院规模较大，东西宽18米，南北长26米，占地面积468平方米。大门在院落的东南角，门朝东开。门额木刻"翔云路"三字。门扇上有铁制福禄云头。大门上部为牌楼式砖雕，从下往上雕刻着"三阳开泰"、"葵花向日"、"莲花并蒂"、"雄鸡报晓"等图案，雕刻精湛，保存完整。纵观良户东街的民居建筑，由于地处闹市，往往采用"前店后宅"的布局方式。

尽管有"居不近市"的说法，但乡民仍然将一些书礼文化的内容体现在了建筑的装饰上，充分反映了族人的价值取向（图4-108～图4-113）。

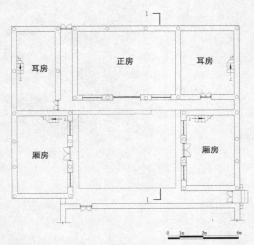

图4-108 东圪洞巷宁家院一层平面

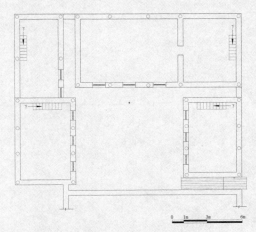

图4-109 东圪洞巷宁家院二层平面

图4-110 东圪洞巷宁家院宅门

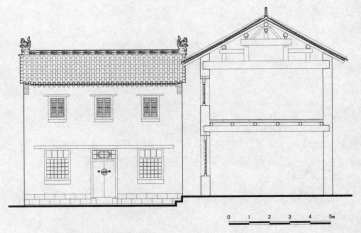

图4-111 东圪洞巷宁家院纵剖面

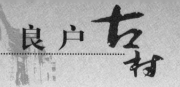

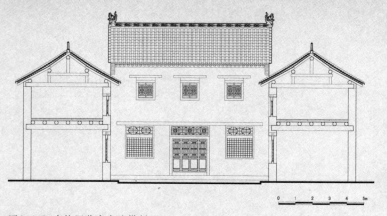

图4-112 东坌洞巷宁家院横剖面

图4-113 东坌洞巷宁家后院宅门

七、西街宅院精且美

从观音堂遗址向西行进，至老唐槐，为良户古村的西大街。在西大街的南北两侧，次第分布着张家院、邵家院、郭家院、罗家院、高家院、李家院等大小十余处民居院落。

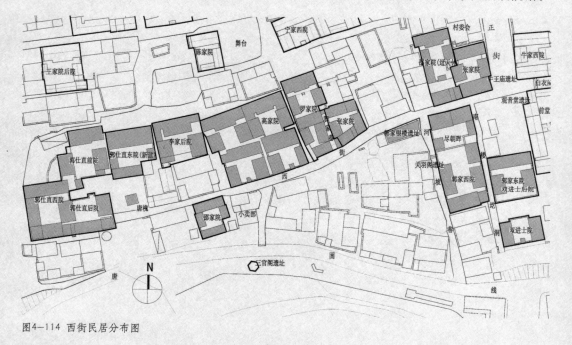

图4-114 西街民居分布图

此处街巷幽深，景观连续，房屋栉比，石狮满目。徜徉在这条古街上，建筑之豪华，装饰之精美，尺度之宜人，匠心之独运，无不尽收眼底，令人惊叹咂舌称奇。回想良户古村的当年，市井之繁荣，生活之惬然，这一切如同过往氤氲，真实地在人们的眼前浮动（图4-114、图4-115）。

在观音堂遗址的西北角，有两处院落。一处为张家"复盛"号板店院，另一处为邵家院。张家院宅门的阑额上书有"世泽长"三个字，大门正对的砖雕影壁，壁顶采用单檐硬山顶，上有瓦垄、脊饰等，下雕斗栱、额枋。额枋上雕有菊花、荷花、仙鹤等图案。壁身表面十分平整，中央雕荷花、仙鹤。壁座为砂石

图4-115 西街街景

雕须弥座，线条粗犷有力，不拘一格，雕有麒麟、鹿、仙鹤等，整座影壁显得朴实大方。院落为四合院格局，正房面阔三间，上下两层，底层明间为格扇门，左右次间为槛窗，二层只有中央开有一窗。门枕石雕有麒麟、花卉等图案，非常精美。正房东有耳房一间，也为两层，底层为格扇门，二层为槛窗。东、西厢房，面阔三间，上下两层，底层明间为格扇门，左右次间为槛窗，二层也是只有中央开一小窗。该院尺度宜人，非常亲切（图4-116、图4-117）。

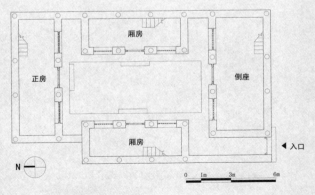

图4-116 张家院一层平面

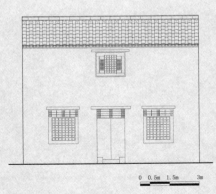

图4-117 张家院正房立面

邵家院位于西街北侧，与张家院紧密相连，为二进院落。第一进院临街而建，大门位于倒座的东端，倒座二层，面阔三间，对面为后院的院门。后院门为随墙式拱券大门，大门两端，左右对称布置照壁，照壁造型简洁，用砖砌筑，高度比门略低些。拱门的上部有一匾额，上书"迓天庥"三个大字，寓意深刻。后院为三合院格局，院落南北长，东西短，由于受用地的制约，东、西厢房非对称布置，尽管如此，仍然保证了庭院的规整（图4-118～图4-120）。

图4-118 邵家院第二进院

图4-119 邵家院第二进院院门

图4-120 邵家院第二进院院门立面

在邵家院的对面，南楼圪洞巷和河坡巷之间，有一处规模庞大的院落。村民有的说是郭家双进士院的西院，有的说是张家宅院，还有说是高家的，说法很不统一，莫衷一是。该院落历史久远，据花梁题记，始建于明代中后期，但由于字迹漫漶不清，宅主人的姓名，实在不好确认。由于宅门的匾额上，题写着"晖于尽"三个字，也有人将其称之为"晖于尽"院，本文依此称谓。"晖于尽"院坐北朝南，北靠西大街，南依原村河，南北高程相差5米之多，院落本为三进，现仅剩二进。依据历史格局来看，"晖于尽"院东西宽17米，南北长40米，占地面积680平方米。"晖于尽"的建筑，尽管也以二层居多，但其做法不同于良户古村普遍所采用的镜面楼屋，而是以木结构的外柱廊为主。由于南北高差较大，基址用白砂石层层垒叠，保证了庭院的平整，这种做法，在当地称之为"天平地不平"，充分体现了良户乡民的智慧和创造力（图4-121～图4-125）。

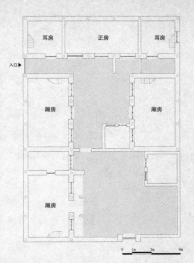

图4-121 "晖于尽"院平面

图4-122 "晖于尽"院石砌基址

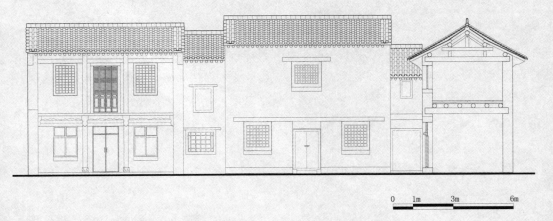

图4-123 "晖于尽"院纵剖面

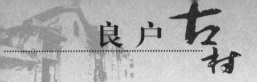

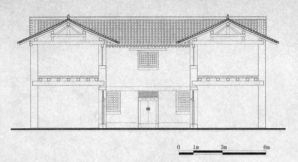

图4-124 "晖于尽"院横剖面

图4-125 "晖于尽"院厢房外观

良户古村高家的宅院，位于西大街的北侧。由四个三合院东、西、南、北四向布置，形成"田"字形的格局，村民称之为"棋盘院"（图4-126、图4-127）。

图4-126 高家院宅门

图4-127 高家院外观

高家初居高平梨园村，于明代中后期迁居良户古村。高家世代为书香门第，祖祖辈辈以救死扶伤、给人看病为业。明清时期，曾在山东曹州、河南彰德等地开设商号、店铺，行医并经营药业。至清代早期，家业兴隆发达，于是在良户家乡大规模修建宅院及祠堂，形成今日之建筑格局。由此可见，业成之后，置地购房、娶亲养老，必在故乡。这个习俗，是泽潞商人的固有传统，没有谁能够改变。

现存的高家宅院，建于明万历四十三年（1615年），距今已有397年的历史。院落布局严谨，空间紧凑。四个院落之间有甬道相连，既有联系又有分隔，利于家族的繁衍。正房、厢房均为二层，宅门设在院落的中部，厢房的山墙朝向大街，与宅门一起形成高低错落有致的建筑造型,丰富了村落街巷的景观。甬道位于两院的东西厢房后墙之间,为了打破墙体高大封闭之感,在甬道的尽端砌筑凌空的门楼。门楼采用垂花门式样,但在尺度、做工和等级上,往往比主院的宅门低了许多,形成主次分明、秩序井然的空间效果。如遇到狭长的甬道,

图4-128 高家院内景

常常用照壁或门楼分隔空间,兼顾美观和安全的双重要求。院落宅门和甬道宅门的对面或尽端,布置照壁,对于照壁的装饰,题材丰富,质地多样,极尽豪华,此处成了展示家族财富和社会地位的用武之地,也是宅主人身份的象征,充分反映了农耕社会时期,根深蒂固的等级、门第观念(图4-128)。

李家院位于良户古村西大街的最西端,占地面积330平方米,村里有人称之为李家后院。又因宅院的门匾上,题写着"复始第"三个字,所以也有叫"复始第"的。该宅院的空间格局,"形似"四合院。之所以说"形似",严格的定义上看,该宅院并非名副其实的"四合院"。众所周知,所谓四合院,也叫四合头院,是说院落由四周的房屋围合而成。换言之,倒座必须是可以住人的房屋,故有"倒座为宾"的说法。而李家院的倒座,进深只有1.75米,最多可以称为"廊厦"或"廊庑"。

事实上,这也正是良户古村民居建筑的特点所在。将廊子用作围合院落的手法,在宋代的民居建筑中比较盛行,古风犹存。这种院落也被称之为"廊院",空间开敞,舒适宜人,充满诗情画意。及至明代,在北方的民居中,渐渐摈弃了这种做法,将廊子变成了房子,演变为封闭的空间,严严实实的四合院。恐怕与人口增长、空间有限分不开。即便如此,在南方的一些民居中仍然被保留了下来。北京民居的抄手游廊,也是其中一例。良户的民居建筑,能有这样的做法,弥足珍贵。

李家后院的空间布局,非常规矩,正房三间二层,左右各有两间耳房;也为二层,楼梯设在室内。东、西两厢,对称布置,三开间,二层高。大门开在西厢房南侧,通过倒座廊厦,进入院内。正房及倒座,采用石木混合结构,四根通天石檐柱,承托起正房的屋檐,檐柱在二楼处有拼接痕迹。檐柱下的柱础上,雕有如意云头、麒麟、狮子等图案。柱

枋间的雀替，采用莲花纹，雕刻精细。额枋上也有木雕图案，为神狮、花卉、鹿等动植物形象。在正房中间的脊檩上，载有"大明万历三十一年"的题记，说明李家后院的建设，始自公元1603年，距今已有409年的历史。院落南面的倒座廊厦，也由四根通天石柱承重，底层和二层之间为架空的梁枋构架，装饰精美，具有极强的观赏功能（图4-129~图4-131）。

图4-129 李家院内景

图4-130 李家院倒座

图4-131 李家院正房

【第五章】

装饰艺术
ZHUANGSHIYISHU

一、装饰语言传达意

　　建筑装饰，起源于人们对各种建筑构件进行的美化加工，这部分构件既有结构作用，又有观赏功能，最能反映中国古代建筑的风格和特征。良户古村的建筑装饰艺术，首先满足了人们的生活需要，其次又使村民的情感和信仰得以升华。通过分析良户古村的建筑装饰艺术，不难发现，从装饰到实体、从院落到聚落，所呈现出的一个共同的观念，即维系家族的繁荣昌盛是乡民的最高利益。

　　长期以来，良户村民根据自己的需要，运用自己的智慧和经验，营造出适于生存的空间环境。就聚落的格局而言，良户古村的传统格局非常衰败，但其聚落中的传统建筑，却造型别致，装饰精美。建筑中的砖雕、木雕、石雕、牌匾等工艺运用普遍而纯熟，用料讲究，技艺纯青，具有极高的艺术价值和研究价值，这是良户古村的最大特色。各类雕刻与牌匾的题材来源于生活，又高于生活，具有丰富的哲理和内涵，栩栩如生地记录了当时当地人们的生活、生产状况，寄托了人们淳朴的情感和美好的期待（图5-1）。

图5-1　田氏祠堂门头装饰

历史上,良户古村经商者众多,村中郭氏在明代时,已经成为潞泽商人中的商贾大户。多数人家则以手工业为主,兼营小本生意。除此之外,耕读传家,成为儒仕的人家也不在少数。早期明代的建筑装饰较为朴素,清代建筑的装饰明显比前者要复杂一些。而到了清代后期与民国初期,建筑的装饰逐渐走向繁杂,其装饰的内容与儒家思想息息相关,装饰的部位也比较讲究。作为一种文化符号,良户古村的传统建筑就其装饰艺术而言,虽然表意的方法是多种多样的,但总的来说,是以一些常见的动、植物图腾表达人们的良好意愿,并以汉族惯用的象征、隐喻手段传达村民的思想感情。装饰语言的表述手法主要有"音意"、"形意"、"音、形并致"三种传达方式(图5-2、图5-3)。[1]

图5-2 王氏宅院门头装饰

图5-3 苏家院(阁子院前院)木雕挂落

---

1 详见拙作《山西民居》"第九章"。

所谓"音意",是指以音喻义,用某些实物来获得一定象征效果的表现手法。例如,以喜鹊、奔鹿、蜜蜂、猴子四种动物的形象构成图案,用动物名称的谐音拼成"喜、禄、封、侯",其喻意即祝福满门喜庆、高官厚禄。又如,以莲花、鲤鱼表示"连年有余";以石榴、枝蔓表示"多子多孙";以蝙蝠、仙桃表示"幸福长寿";以牡丹、仙鹤表示"家庭和睦"等,凡此种种,都是以音喻义,音意表达的例子(图5-4)。

图5-4 "仙鹤牡丹"和"麒麟望日"砖雕

所谓"形意",是指用直观的形象表达一些长久以来固定的特定内容。例如,以天仙神祇的图像反映民间对生活、命运的祈求与愿望;以"三娘教子"的故事人物劝勉子孙上进;以牡丹代表富贵;以竹子代表正直;以莲花表示高洁等。像"八仙过海"、"麒麟送子"、"喜鹊登梅"、"犀牛望月"等,则是用一些生动有趣的艺术形象来喻示长寿吉祥、多子多福、劝人为善的例子(图5-5)。

图5-5 "犀牛望月"砖雕

对于一些内容复杂,含义多元的表现题材,往往采用音意、形意结合使用的表达手法，以便能准确而全面地体现其中的含义。如在宝瓶上加如意头喻示"平安如意"；用莲花图案托起大斗，斗中置戟三把，象征"连升三级"等，均属此类。这些图案清新典雅而又寓意深刻，充分反映了房屋主人的吉祥愿望和幸福追求，民间朴素的审美意识和风土人情具有浓郁的乡土气息，其内容也正是乡民心态的一种直观反映。良户古村苏家

图5-6 "狮子滚绣球"木雕

院（田家阁子院前院）挂落上的木雕图案就含有"狮子滚绣球，凤凰在日头"的寓意，寄托了主人追求美好生活的愿望（图5-6）。

二、装饰艺术多载体

良户古村的建筑装饰是一种文化形态，有其存在的根据和理由，并通过物态载体得以体现。就良户古村的民居建筑而言，众多观念性题材的表达往往是通过空间、形体的变化，结合当地特有的雕刻、牌匾、绘画、铁艺、剪纸等装饰手段而得以体现的。良户古村民居建筑的装饰主要以雕刻和彩画为主，彩画是为了保护木材不受风吹雨淋，以便延长其使用寿命，雕刻则可以丰富建筑造型，更直观地表达宅主人的行为操守。

建筑装饰在封建社会有着严格的等级差别，成为"明贵贱，辨等级"的手段。[1]这种规制一直沿用至明末清初。到了清代中后期，朝廷对民居建筑装饰的限制相对较少，因而民居建筑的装饰风格有了很大的发展，如木雕手法就是既不违制，又能解决装饰问题的最好手段之一。良户古村的民居建筑，不仅在木材上施以雕饰，而且充分运用了传统的石雕、砖雕等工艺做法，结合当地的技艺特点，使民居装饰呈现出丰富多彩的形态。这些装饰与建筑完全融为一体，既是建筑构件，又起美观的作用，同时还是言情表意的物态载体，还给人以自然、亲切、合理、得体的视觉感受，从而构成了良户古村民居建筑艺术必不

---

[1]《明史·舆服志》载："庶民庐舍，洪武二十六年（1393年）定制，不过三间五架，不许用斗拱，饰彩色"。

可少的组成部分。一般而言，雕刻是民居建筑最常用的装饰手段，从其材料的选择上看，主要有木雕、砖雕和石雕等类型。

图5-7 双进士院木雕

在良户古村，这些雕刻艺术品俯仰可拾，寓意深刻，疏密有致，恰到好处，代表了中国民居建筑装饰艺术的最高水平（图5-7～图5-9）。

图5-8 "鱼跃龙门"木雕

图5-9 各种材质的压窗石

三、木雕装饰形随意

所谓木雕装饰，就是用在房屋木质材料上的装饰，它们或雕刻或绘画，手法不一，形式多样。在以木结构为体系的古建筑上，对木材的装饰是最主要的装饰手段之一。良户古村的木结构建筑装饰，既有普遍性的内容，又呈多样性的手法。木雕装饰主要集中在门头、门窗、挂落、檐廊等部位上。良户古村民居正房装饰简洁，装饰重点在

图5-10 额枋组雕之一

厅房上。早期的明代民居，柱子采用四边形石柱作为廊柱，梁枋采用木质结构，木雕装饰主要体现在前檐廊上的梁、雀替、斗栱上。前檐廊的进深一般为一米左右，设有秀美的栏杆、栏板。在承托檐廊的出挑梁头上，装饰着几何图案、行云惹草等各种花饰的拍风板。另外，门窗和隔扇的花格与纹样也是各式各样，丰富多彩的。这些装饰绝大部分是在具有结构与功能作用的基础上进行加工而成的。也就是说，它是建筑的一个有机部分，而不是纯粹附着在建筑上的纯装饰品。以二层前檐廊出挑梁头上的拍风板为例，它可以阻挡日晒雨淋对梁头的破坏。这样的装饰，比其纯粹的装饰更具魅力与生命力，充分体现了工匠们的智慧与创造力。良户古村木雕建筑装饰的内容丰富多彩，有官式建筑中常见的狮子、麒麟、凤凰、蝙蝠等动物形象，也有牡丹、莲花、葵花以及各种卷草的植物形象，还有万字、寿字、云头等纹样，多种多样的装饰纹样使建筑显得生动而活泼（图5-10～图5-12）。

图5-11 额枋组雕之二

图5-12 额枋组雕之三

良户古村的木雕，品类繁多，题材各异，木构件装饰的雕刻手法，也是多种多样。有透空雕、深雕、浅雕、浮雕、圆雕、阴刻、阳刻等多种形式。多用在挂落、斗栱、雀替、抱头梁、窗棂、门楣、翼拱等部位，并加以彩绘，使建筑空间绚丽多彩，表现出建筑的富丽堂皇，达到整体和谐，局部细腻的效果。木雕饰品大都造型美观，样式独特，起到为民居建筑锦上添花的作用。它们在显示自身美的同时，形成了院落空间的虚实对比，抑扬顿挫的节奏韵律，并在整体上避免喧宾夺主。良户古村的民居建筑，从门窗到地面的立柱、立柱上架的梁枋、梁枋上铺的檩、椽，以及这些主要构件之间的小柱、柁、雀替、撑木等

图5-13 厅堂装饰之一

连接物，皆雕刻精美，共同组成了民居建筑的木结构框架（图5-13、图5-14）。

就良户古村的木雕装饰部位而言，主要分布在如下几个方面。

其一，位于门、窗部位。良户村民居的门，造型工整细致，一般分为建筑群体的门和房屋门两种。其中，建筑群体的门也称为宅门，共有三种类型，即屋宇式、门洞式和随墙式。屋宇式大门是良户民居宅门的主流，而官宦人家大院的宅门又属于屋宇式大门中形制较高的广亮大门。采用此种大门的住户必须有相称的官品地位，如田家的宅门，就与主人的身份地位相符。广亮

图5-14 厅堂装饰之二

大门广一间，进深两间，门扇位于中柱位置，双坡硬山顶，屋面用筒瓦，正脊设吻兽，并设垂脊和瓦当滴水，檐下置博风板和悬鱼，山墙顶部的交接处设雕花砖装饰，门簪和门枕石外的抱鼓石是装饰的重点，这种门以垂花式最为常见。良户民居中还有一种屋宇式大门叫如意门，设在外檐柱间，门口两侧与山墙腿之间砌砖墙，门上方通常装饰雕刻很精致的砖花图案，在门与两侧砖墙的交角处，常做如意形态的花饰，故称其为"如意门"。第二种为门洞式大门，即在倒座的后檐墙上直接开洞，占据当心间的位置，后檐墙较高，挡住了建筑的坡屋顶。第三种是随墙式大门，即在院墙上直接设门，两侧连接院墙，

图5-15 各式宅门

有时檐下会有砖作斗栱起支撑、装饰作用，挑梁承托垂莲柱，柱上搭挑檐木檩条，或砖雕等装饰类构件（图5-15~图5-17）。

图5-16 垂花门之一　　　　图5-17 垂花门之二　　　　图5-18 带廊柱的房屋门

图5-19 各式房屋门　　　　　　　　　图5-20 带廊柱的房屋门

良户古村中的房屋门，一般有隔扇门和夹板门两种形式。隔扇门多置于民居正房的当心间，在田家大院的倒座和厢房中最为常见。无论是宅门还是屋门，由于在建筑体量中占

有较大的面积,因此无不都是建筑装饰的重点。首先,院子外部的宅门作为院落的首要入口,人员流动最为频繁,其门洞往往较大、较封闭。外墙上一般也不开窗,即使有开窗也很小,而且部位较高。其次,位于院落之内正房或厢房的门,内部尺度较小,且形式通透,一般在门上安设不同的格棂,使其具有亲切感。另外,良户民居在隔扇门前端常使用帘架,置于隔扇门前的叫"门帘架",帘架置于门外,装饰多集中在上部,题材丰富,贴近生活(图5-18~图5-21)。良户古村民居的窗装饰分为两种,一种是房屋窗的装饰,还有一种是墙上窗装饰。房屋窗又分为三种类型,一种为支摘窗,中间分为上下两部分,上部的窗户为二层窗,外面的一层可在夏天安上纱窗,下面的窗户安玻璃,左右两侧是一个整体或呈上下两部分。第二种为长条形直棂窗,是简单的横向窗户,装饰较为简单。还有一种为隔扇窗,是良户民居中形制较为高级的窗扇类型,是隔扇门的缩小版,二者在样式、做法及开启方式上基本相同(图5-22~图5-24)。

图5-21 带门当的门

图5-22 民居二层之窗

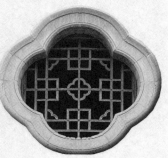

图5-23 异形窗

图5-24 格子窗与直棂窗

其二，位于梁柱之间。良户古村建筑的梁柱装饰大都非常简洁，只有部分在梁的部位施以彩绘，这样可以使整个梁架的结构体系十分清晰，有效地增强了空间的整体感。木柱多包围在墙体之内，只有檐柱部分外露，柱身光洁，一般不加雕饰，仅在柱础和顶部与梁枋的交接处做复杂的处理。例如，梁头部位多做成弯曲形式或简易的收头花饰，起到美观的作用。雀替和挂落用于横置的梁与竖直的立柱的交接处，两者在结构上起着相似的作用，同时极大地丰富了建筑的前部空间（图5-25）。

图5-25 各式雀替

其三，位于檐下部位。良户古村民居的主入口，门楼底部往往以垂花门作为装饰，两根不落地的垂莲短柱两两相对，将雀替连成一体，叠为数层复杂的图案，入口处的一系列装饰重点突出，主题明确，具有极强的视觉冲击力。特别是位于前院堂屋前的出入口，其檐下部位是继主入口之后的又一重点装饰之处。垂柱之间的雀替分别通过中央的阑额相连，拼接而成。由这样的雀替、横梁组成的图案，雕刻非常精细。尽管其所要表达的主题没有主入口处的鲜明，但其华丽张扬之处则毫无逊色之处。以田氏祠堂为例，其堂屋檐柱的柱头和柱间的檐枋之上都装饰着翼拱，最特别之处是中央两根穿插枋也装饰了翼拱，从而使其具有凌云之势（图5-26）。

图5-26 阑额装饰

其四，位于斗栱部位。通常，民居建筑一般很少使用斗栱，但在良户古村中却应用普遍。斗栱发展到清代，已经失去了其结构上的承重作用，完全是一种装饰性的构件。在良户古村的建筑中，斗栱有些排列疏朗，有些则非常密实。斗栱在这里的运用，除了作为装饰的一种手段以外，更多作为主人们攀比财富、显示高贵的一种表达方式（图5-27）。

图5-27 补间铺作

四、砖雕艺术撼人心

砖雕是极具中国特色的一种雕刻技艺,历史悠久,流传甚广,绝大部分集中在民居建筑中,成为传统民居中艺术性、观赏性俱佳的艺术形式之一。砖雕多见于墀头、影壁、槛墙以及望兽、吻兽等构件上,大致分为浮雕、透雕、圆雕等。砖雕不仅具有石雕坚固刚毅的材质感,也可以像木雕般精琢细磨,具有柔性的平面视觉感和强烈的立体造型的艺术特质,可以说是刚中带柔、柔中有刚,粗犷与清秀并存。就良户民居而言,砖雕一般采用写实的手法,无论是动物还是植物都能雕刻得活灵活现,栩栩如生。通过分析良户民居砖雕的分布位置及题材,可以了解其装饰的技术水平(图5-28~图5-30)。

影壁是特殊的独立墙体,用来遮挡人的视线,避免院落一览无遗。它不仅是一种建筑元素,也是一种文化象征。良户古村的照壁非常具有艺术感染力,无论其从工艺还是在内容上,均可以和晋南、晋中的大院相媲美。村中现存的几座精美影壁皆为座山影壁,因为这几处院落的大门都设置在东南位置,为了避免进门直接看到山墙面,便把影壁附着在山墙面上进行装饰,俗称座山影壁。这些影壁的结构像传统民居的形式,也是由三部分组

成,最上边为壁顶;中间部分为壁心,是主体部分;最下面为壁座部分,是影壁的基座。壁心是整座影壁最精彩的部分,用砖雕饰以各种花卉、文字、图案进行装饰。良户古村现存影壁的壁心传递的内容都蕴含着丰富的文化内涵(图5-31~图5-33)。

图5-29 砖雕组图局部之一

图5-28 砖雕组图局部之二

图5-30 砖雕组图局部之三

图5-31 武状元府后院照壁

图5-32 侍郎府照壁

图5-33 侍郎府照壁上部组雕

位于蟠龙寨侍郎府入口处的影壁,做工非常精彩。整座影壁由壁顶、壁身、壁基三部分组成。壁身部位为构图中心,中间雕有"麒麟望日"图像,右上角雕刻"凤凰朝日"图案。上下左右为陪衬部分,内容非常讲究。上、下两部分,由两组、十二幅图案构成,每幅图案皆有各自的主题,上为飞禽,下为走兽。左右两侧,也由两组、十幅图案组成,题材为牡丹、莲花等各种吉祥花卉。整体看,构图巧妙,立意新颖,主次分明,重点突出,恰如其分地表达了主人渴望健康长寿的心态(图5-34、图5-35)。

图5-34 "凤凰朝日"砖雕

图5-35 侍郎府照壁左右两侧组雕

武状元府的影壁采用砂石台基，壁身构图简洁，壁中心雕有麒麟仰头回望的图案作为影壁的主题。壁身上部和左右两侧为附属内容，雕刻惹草花卉等植物图案，代表着主人期盼家族欣欣向荣的良好愿望。壁心的四角分别为四个正三角形，题材以四季花卉为主。壁顶有三攒四铺作砖雕斗栱，两处栱眼壁间，雕刻着两个

图5-36 武状元府后院照壁局部

图5-37 照壁中各种动植物形象

圆形图案,内容为仙鹤,呈对称构图。整个影壁,构思高雅,超凡脱俗,技艺精湛(图5-36)。

在良户古村,几乎家家都有照壁,大多是以动物、植物作为装饰题材,深受中国传统农耕文化的影响。这些图案在匠人的精心雕琢下,化腐朽为神奇,极具艺术价值(图

图5-38 高家院西影壁

图5-39 高家院东影壁

5-37）。除上述两处照壁外，良户古村保存质量较好的砖雕照壁还有高家院照壁、双进士院照壁、李家院照壁、当铺院照壁、秦家院照壁等，大小十余处。这些精致的照壁给民居增加了喜气，给主人带来了希望，是乡民精神世界的寄托。良户古村的照壁，主题突出，内容丰富，有花鸟鱼虫、山石林木、人物故事、福禄寿喜、吉祥如意等。加工工艺有阴刻、浮雕、立雕等形式。不少砖雕影壁，以麒麟、凤凰、狮子作为主题。动物之间，相互嬉戏，形象栩栩如生。其取意或为"狮子滚绣球，好事不断头"；或为"犀牛望月"；或为"凤凰朝日"；或为"麒麟望日"等（图5-38~图5-40）。

图5-40 影壁局部图案

影壁壁心四周，或为四季花卉，或配以公鸡、鸳鸯、鹌鹑、喜鹊、走兽等动物，寓意"功名富贵"、"鸳鸯贵子"、"安居乐业"、"喜上眉梢"等，表现出良户乡民对幸福、祥和生活的追求。有一幅影壁，雕刻"鹿鹤同春"题材的大型组雕，构图十分精美，砖雕运用了高浮雕的手法，画面上鹿跃松林，鹤唳寿石，鹿回头，鹤昂首，相互呼应，和谐对称。良户古村的照壁，立意深远，形随人意，震撼人心，是民居建筑中的瑰宝之一。从良户民居照壁装饰的内容与题材看，始终围绕着"图必有意，意必吉祥"的主题，其中蕴涵着丰富的哲理。装饰题材常用的方法是借助事物的特征和属性，经过着意加工而成，常使用象征、谐音、假意等手法传递吉祥之意（图5-41~图5-43）。

祥禽瑞兽是指吉祥的动物，在良户民居中，常使用的祥禽瑞兽有麒麟、狮子、鹿、猴、牛、仙鹤、蝙蝠、孔雀、喜鹊、蝴蝶、蜻蜓等。良户民居中麒麟装饰造型多样，麒麟的地位仅次于龙，在民间常被认为是送子的仁兽，是吉祥的象征，能为人带来子嗣，也经常用麒麟比喻仁厚贤德的子孙；狮子有百兽之王之称，常用来镇宅驱邪，在装饰中常以

"狮子滚绣球"的形式出现,有喜庆、吉祥之意;鹿和鹤自古以来都是长寿的象征,"鹿鹤同春"代表天下皆春,万物欣欣向荣的景象。在良户民居照壁上,有梅花鹿、仙鹤、椿树、松树和花卉组成的"六合同春"图。喜鹊意喻喜庆之事,民居中常以"喜鹊登梅图"出现。"鹿"与"禄"同音,寓意官运亨通。"蝙蝠"的"蝠"与"福"同音,寓意福喜临门。"猴"与"侯"同音,所以有"马上封侯"的图案,寄托了主人对美好生活的向往和对升官封侯的渴望(图5-44~图5-47)。

图5-41 影壁壁心图案

图5-42 影壁壁心周边图案之一

图5-43 影壁壁心周边图案之二

| 山 | 西 | 古 | 村 | 镇 | 系 | 列 | 丛 | 书 |

图5-44 影壁壁身

图5-45 壁身局部之一　　　图5-46 壁身局部之二　　　图5-47 壁身局部之三

屋脊是屋顶的轮廓线，所以也是装饰着力强调的部位。良户古村民居建筑的屋脊装饰讲求实用、古朴、自然。硬山式建筑常见的屋脊有正脊和垂脊之分，端头装饰有吻兽。脊砖用来防雨水，脊砖雕塑繁简不一，做得复杂的有各种立雕，做得简单的只做阴刻划线。

若是双坡硬山顶的屋脊，往往装饰成"五脊六兽"，主脊和四道山脊共置六兽，正脊使用预制的脊砖分段安装，脊身常被雕刻成各种植物花卉或者镂空纹样，工艺精美，图案连续。一般而言，各脊两端常置鸱吻作为收头，吻兽分为张嘴吻兽和闭嘴吻兽，有"张嘴的官家，闭嘴的商家"的说法。张嘴兽代表主人为官，寓意当官应为民说话。闭嘴兽则代表主人为商家，寓意商人应该保守秘密，不能向外张扬财富。包括瓦当上的猫头，也是紧闭双唇的，因为中国古代商人地位较低，不能随便说话，以免引来杀身之祸。在良户古村中，屋顶的望兽，张嘴吻兽较多，说明做官的人家很多。建筑的正脊部位有精美的砖雕，雕花图案各有不同，采用的雕刻手法也不同。离人们视线远的屋脊处采用高浮雕，以此来突出图案的凹凸起伏，使得轮廓更为鲜明（图5-48～图5-51）。

图5-48 脊饰之一

图5-49 脊饰之二

图5-50 脊饰之三

图5-51 田家张嘴吻兽

在良户古村中，山墙面也是装饰的重点。民居建筑的山墙装饰，主要集中在两个部位。一是山墙和屋顶的交接处。硬山顶组成的人字形处有一道瓦当和滴水组成的花饰，花饰下方有砖砌的博风板，博风板的中央接缝处有以植物及几何形纹样为造型的砖雕悬鱼。悬鱼，既作为一种装饰构件，也用以遮挡缝隙，加强搏风板之间的整体强度。良户古村中为数不多的悬山式建筑采用了悬鱼，然而，在以硬山式建筑为主的建筑中，常在其山墙部位雕刻各种花纹的山花，形成类似悬鱼的装饰效果，起到了丰富山墙面的作用。悬鱼之下，通常有花瓶造型的砖雕。这里的花饰、博风板和悬鱼只起装饰作用，无功能之用（图5-52）。二是位于山墙的前后两个端

图5-52 山墙博风板

图5-53 山墙墀头

面，即墀头的位置。墀头是硬山屋顶山墙端头的总称，其主要作用是承重和装饰檐口（图5-53）。檐下的墀头部分是砖雕的主要部位，墀头通常分三部分，最上层为翻花，其面倾斜，上承檐口，下接山墙。翻花通常是以花瓣为题材的装饰，翻花下面是长方形的垂直面，常雕人物故事或梅、菊、牡丹等花卉，其雕刻精制细腻，是墀头装饰的精华。下面的墀尾，常雕宝瓶、花果等图案。良户古村建筑的墀头比较简洁，常雕以各种花饰，或刻以人物图案，借此表达主人企盼幸福的美好愿望。

良户村民居建筑檐口处的瓦当和滴水，其装饰也十分精美，形成了一道独特的风景。瓦当和滴水共同使用利于雨水的排出，保护屋椽免受雨雪的侵蚀，延长建筑寿命。瓦当也被称之为"勾头"，俗称为"猫头"，是檐口下端垂挂的有花纹的圆形或半圆形挡片，是屋檐最前端的一片瓦。瓦当的装饰题材类型多样，有云头纹、几何形纹、饕餮纹、文字纹、动物纹等。良户民居中使用的是兽面纹，面部被制作得神情夸张，形态各异，既满足了镇宅辟邪的需求，又起到美化环境的作用。滴水的功用与瓦当相似，它是覆盖建筑檐头

图5-54 侍郎府厢房侧面

图5-55 侍郎府照壁勾头滴水

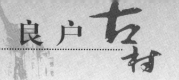

板瓦前端的遮挡，滴水的平面则基本都呈三角形，良户民居的滴水常用植物花纹来装饰，清丽而秀美（图5-54、图5-55）。

五、石雕技艺夺天工

在良户古村众多的装饰艺术形态中，石雕艺术首屈一指。历史上，高平的石匠技艺高超，闻名于世。无论是玉虚观题记中的赵琮、赵进，还是传说中的张壁石匠，皆可管窥一斑。高平地处太行山地区，砂石、青石遍地都是，为制作石雕作品提供了源源不断的原材料。由于石材具备质坚耐磨、经久实用、防火防潮、受力俱佳等优点，因此多用在建筑物的基础部分。建筑基础与地面最为接近，在此部位应用石材可以使建筑具有坚实、稳固、厚重之感。在一些使用频率较高的部位，如门框、门槛、台阶、栏杆、柱础、井台、窗棂等处，也是广泛应用石材的地方。良户古村石雕的精彩之处体现在其刚中见柔，真实生动的艺术形态上（图5-56～图5-59）。

图5-56 青石喜鹊

图5-57 砂石玉兔

图5-58 青石压窗石

图5-59 砂石压窗石

良户古村的石雕艺术品,最为精美的建筑构件,首先要数门砧石。为了固定并承托门扇,在门框两侧边框的下部,常常放置一块长方形石块,一半在门内,一半在门外,在门内的上方凿有凹穴,门扇的下轴插在穴中,从而使门扇得以转动。这种石制构件,称之为"门砧石"。为了保持自身的稳定,门砧石的多一半常留在室外,成为建筑门面上的重点装饰部位。在良户古村民居的建筑中,门砧石的形态丰富多彩,其中以配置狮子、鼓式、方石、长方石的做法最多。无论有钱与否,良户古村各家的门砧石,雕刻艺术无处不在,只要是暴露在外面并进入人们视线的部位,必有精美的图案。雕刻的艺术手段非常丰富,既有平雕,也有浮雕。平雕有线刻和面刻之分,浮雕又分为高浮雕和浅浮雕,形态多样,美不胜收(图5-60~图5-63)。

图5-60 门砧石上装门扇的凹槽

图5-61 门砧石上的平雕图案

图5-62 门砧石浮雕组图之一

图5-63 门砧石浮雕组图之二

门砧石一般高于地面,并突出门外,形式多为方形或长方形。这样的砧石至少有三个面雕有石刻,顶面平滑,往往用作座凳,供人休憩。复杂一些的门砧石常常做成鼓石状,即将门砧石突出门外的部分,加工成鼓状以增添装饰效果。良户古村早期门鼓石以砂石居多,后期民居大量使用青石。当然,除经济因素外,也与材料的质地和艺术形态有关。一般而言,砂石多用于浮雕,青石则用作平雕、浮雕皆可。无论是哪种材料,良户村民都能做到因地制宜,因材制用,良户古村的门鼓石处处体现着乡民的智慧和艺术创造力(图5-64~图5-67)。

图5-64 门鼓石组图之一

山｜西｜古｜村｜镇｜系｜列｜丛｜书

图5-65 门鼓石组图之二

图5-66 青石鼓石

图5-67 砂岩鼓石

良户古村中现存许多造型精美的门砧石，造型以圆形的石鼓居多。石鼓直立放置于门砧石上，下面有一层花叶托抱，所以又称之为"抱鼓石"。石鼓的侧面与鼓面上皆有石刻装饰，也有将门砧石做成方形的，装饰题材包括狮子、花卉植物等。还有的直接雕刻成狮子形状，象征威武之势。使用狮子是因为它为兽中之王，用在大门的两侧，可作为守护整个宅院的神兽。用石狮子把守大门，是传统建筑中最常见的形式。在良户古村，有钱有势人家的狮子形象完整而造型庞大，或蹲或立在独立的石座上。一般财力的人家，也要在门前的抱鼓石上雕刻狮子，以求"事事如意"，平安吉祥（图5-68～图5-72）。

图5-68 石狮组图之一

图5-69 石狮组图之二

图5-70 石狮组图之三

图5-71 石狮组图之四

图5-72 青石狮子

图5-73 田氏祠堂石狮群组

良户古村民居中的石狮子，由于受到当地特有的自然与人文条件的影响，布局随形就势，外观粗犷简朴，造型生动多样。有大有小，有俯有仰，有独处者，有群居者，有的憨态可掬，有的灵动活泼。由于把民间独有的雕刻技艺用在石刻艺术上，使得这些石狮子更显得朴实而不呆滞，简洁而不单调，华美而不奢丽，自然而不做作。这些石刻艺术品在与民居建筑相结合时，往往夸张中求真实，变形中求神似，简洁中潜丰厚，象征中透意趣，从而使得良户古村真正成为自然图景与生活图景的完美结合，具有独特的文化内涵（图5-73）。

除石狮之外，良户古村民居的柱础石也十分精美。从实用角度讲，柱础石可以起到防潮、防腐以及承受荷载的作用。民居建筑中，柱础石在实用的基础上又加以造型和装饰。良户古村现存完整的柱础石有方形、鼓形、瓶形、瓜形、六面形等。很多良户古村的民居建筑常用石柱作为外檐柱，其柱础以方形居多。例如，木质柱子的柱础往往分两层制作，下层为方形，上层做成圆形，以便承托木圆柱，符合构造做法。柱础石往往就地取材，白砂石、红砂石、青石，均可作为石雕材料。方形柱础，构图巧妙，雕刻的内容非常丰富。如同其他装饰构件，良户古村的柱础也有以动物、植物作为雕刻题材组成完整的图案的，以此表达吉祥喜气的愿望（图5-74）。选取的动、植物类型丰富，天上的飞禽，地上的走

图5-74 良户村各式石柱础

兽，鸡、鸭、鸟、凤、狮、兔、马、羊，均可以入画，构思大胆随意，技艺炉火纯青，达到了较高的艺术高水准。有时，诸如佛家八宝，法轮、法螺、白盖、莲花、盘长、宝瓶、宝伞、宝鱼；道家八宝渔鼓、玉笛、宝剑、葫芦、花篮、紫板、芭蕉扇、荷花；民间八宝

古钱、宝珠、玉磬、犀角、珊瑚、灵芝、银锭、方胜；以及琴棋书画、麒麟送子、狮子滚绣球等内容也会在石柱础上出现，内容丰富，形象生动，变化多端，十分精致。由于在力学上柱础的一个重要作用就是将柱子承受的力传递到地面，所以柱础的断面比柱子要大。良户民居首层带檐廊的建筑并不多，因此柱础的断面形式并不复杂。通常，选用最多的形式是上大下小的覆盆形，所谓覆盆形就像一个圆盆扣在地面上。为了加高柱础并增强防潮的作用，在柱础之上又加了一层圆形的鼓，可以将这种柱础称之为覆盆加鼓形的制式。在覆盆形柱础上，常常雕刻有莲瓣形的曲线装饰图案（图5-75、图5-76）。

图5-75 方形与六角形石柱础

图5-76 圆形石柱础

在良户古村，留存有为数不多的拴马桩，它不仅有拴系骡马等牲口的实用功能，也有装饰民居、避邪镇宅的作用。过去，良户古村民居的拴马桩较多，桩头是装饰的主要部位，装饰的题材是石狮和植物花瓣。

旗杆是家族成员功名和社会地位的标志，按照清代礼制的规定，读书人考上举人以上的功名之后才可在大门外竖旗杆，大门上挂牌匾。据记载，良户田家人才辈出，科举考试中进士、贡士者就有数十余人。这些人家的大院曾经在门上悬挂着进士、贡士等御赐牌匾，旗杆石置于宅前左右两侧。可惜，均

图5-77 过门石图案之一

已毁坏，现仅存一些基座，石材色青，风格迥异，石座正中有圆形旗杆洞眼，整体质朴端庄，造型优美。此外，良户古村的石雕还广泛用于门挡石、过门石和窗台石上，这一点是有别于他处民居的特色所在（图5-77～图5-81）。

图5-78 过门石图案之二　　　　　　　　图5-79 门挡石组图之一

图5-80 门挡石组图二　　　　图5-81 压窗石组图

　　良户古村民居宅门上的过门石和窗台石的艺术风格非常统一，具有一定的创作规律。较之宅院门，入户门的门挡石、过门石只是尺度较小而已，但其艺术魅力一点也不逊色，通过精雕细琢取得了小中见大的效果。一般而言，门挡石和过门石采用深浮雕的手法，题材以动物为主，由于空间较小，在石面的中心部位只雕刻一个动物，主题突出，易于入画。对于压窗石而言，石面空间上、下较短，横向狭长，如同梁枋彩绘的构图方式，往往采用"一整二破"的构图手法布局画面，其雕刻手段以浅浮雕为主。压窗石的几何中心是表达主题的空间，多以动、植物题材为主。中心的四周用圭角线形成框架，框架两端或为菱形，或为如意头，井然有序。所谓"二破"，是指在压窗石的两端，有两处对称布局的图案。此图案常常做成正方形、三角形或圆形的图框，雕刻内容以植物为主。通过"一整二破"的构图，一方面打破了压窗石的狭

图5-82 压窗石的各种形态

长感，另一方面为匠师的艺术创作留出可供想象发挥的空间，从而在小小的压窗石上取得巧夺天工的艺术感染力（图5-82）。从压窗石的装饰题材看，可供装饰的植物种类很多，可以是各种乔木或灌木，也可以是花卉。良户民居中，普遍用来装饰的植物有松树、柏树、荷花、梅花、葵花、竹子、牡丹、石榴、葫芦、葡萄等。松在中国历代被称为"百木之长"，是长寿的象征，有句俗语叫做"寿比南山不老松"；松枝傲骨峥嵘，柏树庄重肃穆，且四季常青，历严冬而不衰，常被人们视作坚贞不屈、意志顽强、不屈不挠的象征；梅花冰清玉洁、傲骨嶙峋，象征高贵的气节，寒梅报春，有吉祥喜庆之义；牡丹有"国色天香"之称，象征荣华富贵，莲花"出淤泥而不染，濯清涟而不妖"，象征做人清清白白，为官廉洁清正；葵花、石榴、葫芦、葡萄等多子植物，取"多子多福，儿孙满堂，财源广进"之意。此外，在良户民居的石雕装饰中，还经常把纹样进行组合，形成固定的称谓来表达特定的涵义。几何纹样是一种以几何线形为主的装饰纹样，常连续、重复地出现于石刻装饰中，有吉祥的象征意义。良户民居常使用的装饰纹样有云纹、绳纹、卷草纹、缠枝纹、花瓣纹等，这些纹样征兆着福寿绵长，无穷回转，祥云瑞气，综合运用于木雕、砖雕和石雕作品中。

六、小中见大话铺首

所谓铺首，是门拉手、门叩和门锁组合在一起的称谓。它的样子是一对圆形的门环，既做拉手又作门叩，门环上有一副门栓，包括一根铁棍和两个铁环。长条形的铁棍插在铁环中，在铁棍的一端加锁就可以把门锁住。门环和门栓连在一起焊接到一块铁皮上，最后将铁皮固定在门板上。为了防止门栓的一头磨损门板，在这个位置还特别钉了一小块铁片。有的在门环下端位置上钉一个小块铁垫，一方面使门环与铁垫相碰撞发出声响，一方面也保护了门板。这些铁件，一般都进行了艺术与美学的加工。如铁垫板有做成圆形的，刻出花边。门环有做成圆形的、长扁圆形的、讹角方形的。保护门板的铁片也刻出剔空的福字、如意、鱼、花朵、门神等各种纹样，十分的精巧。这些具有实际用途的构件，成为门板的重要装饰构件（图5-83～图5-85）。金属装饰在我国由来已久，但由于材料昂贵，慢慢淡出装饰视野，由于良户古村地处煤铁之乡，资源丰富，所以铁艺技术炉火纯青。用铁包箍门，也在所不惜。位于寨上村的侍郎府，后院正房的门就是全部用铁包箍的"铁箍门"，经历了数百年的风风雨雨、大小险境，至今仍然保存完好。可以说在良户古村，铁的用途被发挥得淋漓尽致（图5-86、图5-87）。

图5-83 带门神的铺首

图5-84 带吉兽的铺首

图5-85 带石榴的铺首

图5-86 门扇护铁

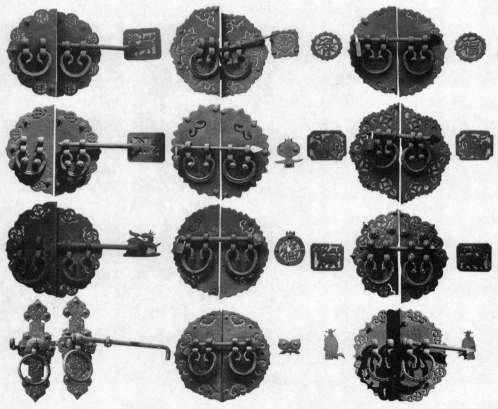

图5-87 各式铺首

七、楹联匾额意蕴深

匾联是一种特殊的装饰艺术，通过文字这种书面形式达到艺术渲染的效果，除了装饰作用外，其精髓更在语言文字上。所谓"匾"指悬挂在大门上方或大厅上空的木制标识物（图5-88、图5-89）。"额"大多位于院墙大门、侧门上方，即门洞额的位置，也有厅堂、正屋两侧的门洞上方的石头浮雕墨字。在良户民居中，匾联形式各异，字体变化繁多，内容也包含有无限寓意。字体极为多样，既有草书、隶书、行书，也有各种变体。常用的颜色有蓝、紫、黄、绿、黑等几种。匾上铭字则分别涂金色、银色、蓝色、绿色。匾底、文字、边框采用不同的颜色，绚丽多彩，非常美观。良户古村的匾额楹联，从质地上分类，有木雕、石雕、砖雕等，因门框的建筑形式与材料的不同，匾额也各有所异，如券拱门一般用石雕或砖雕，木框门则用木雕。宅院的院门匾额大多数为木材质，少数是砖石刻成。匾上寥寥数字，联中对仗之语，都有深刻的意义，主要包含了以下几种表达方式。集贤哲古训、采古今名言、明空间界属、抒幽静情怀、颂山川壮美、咏鸿鹄大志、探读书精神等。楹联是一种固定的板对，通常固定在厅堂两侧的柱子上。这是一种较为讲究的做法。普通的家庭只

图5-88 "接霄汉"匾额

图5-89 匾额群组之一

在过节或有重大的事情时在纸上写好，然后贴在柱子上或门的两侧。如"光荣及第"；"门列青山好对峰头横翠色，家居埒底不临街面亦春光"。大多是祈福颂吉的。在良户古村中，通常有三种内容，一种是房屋的名号，如"复始第"、"中和居"、"粼古居"、"国朝军功"、"天恩赐爵"、"壎第昭远"、"永和第"、"笃敬处"、"古桐源"、"世泽长"等院落。一种是赞誉与勉励，如"飞鹏霄外"、"履中蹈和"等。作为匾额题写的主题，有如下的特点：文辞出之有理，有较强的识别性和可记忆性，文字有较佳的读音，较佳的形状，优美的文采，书之端庄大方，观之形态极佳。楹联匾额作为一种文化表现的手法，在一定程度上体现着住宅主人的社会地位和内心追求，文化档次与审美倾向（图5-90）。

图5-90 匾额群组之二

附 录

附录1 历史建筑测绘图选录

侍郎府平面图

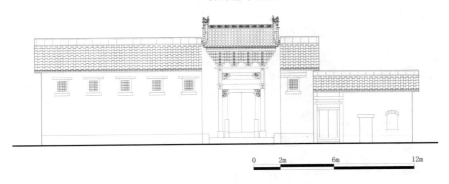

侍郎府南立面图

山｜西｜古｜村｜镇｜系｜列｜丛｜书

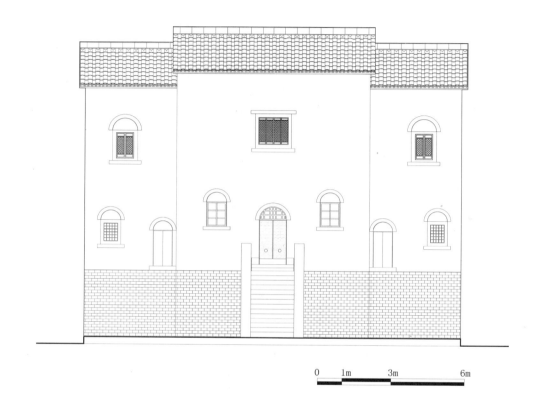

侍郎府阁老院正房立面图

侍郎府纵剖面图

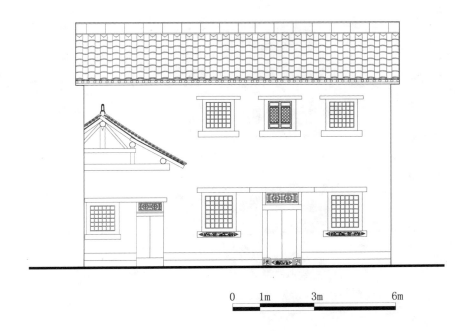

侍郎府阁老院厢房立面图

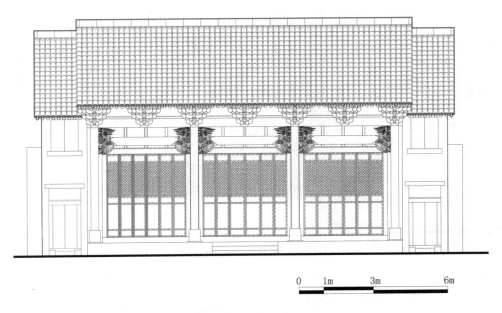

侍郎府过厅立面图

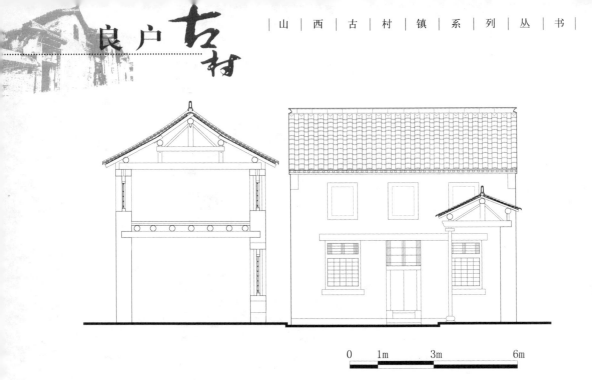

侍郎府"福善庆"院剖立面之一

侍郎府"福善庆"院剖立面之二

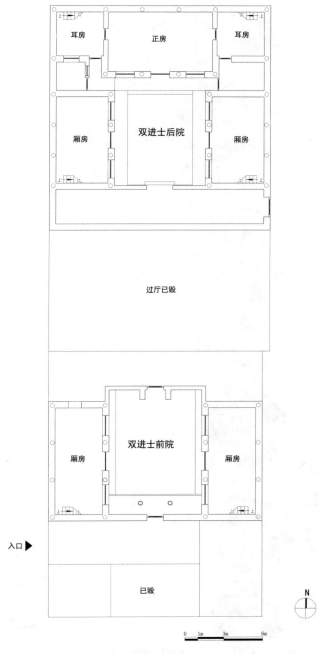

双进士院平面图

山｜西｜古｜村｜镇｜系｜列｜丛｜书

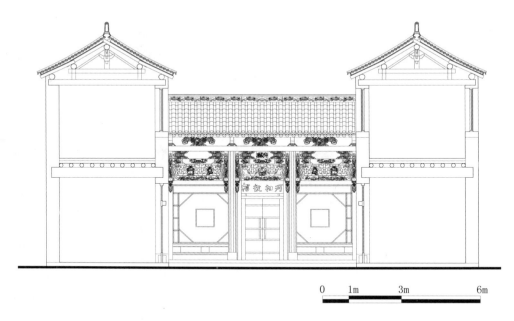

双进士院前院南立面图

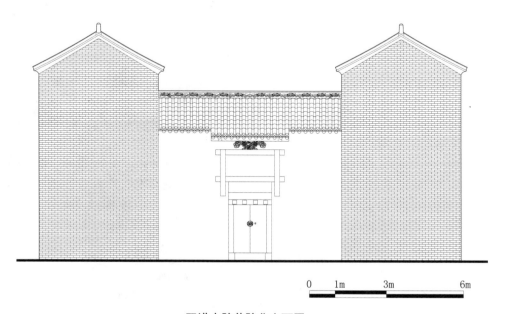

双进士院前院北立面图

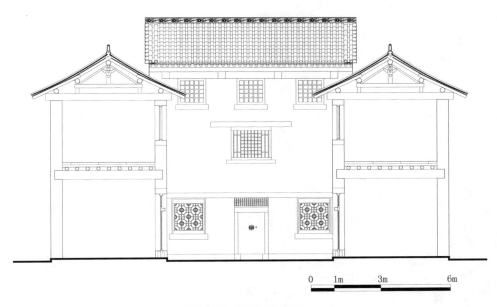

双进士院后院北立面图

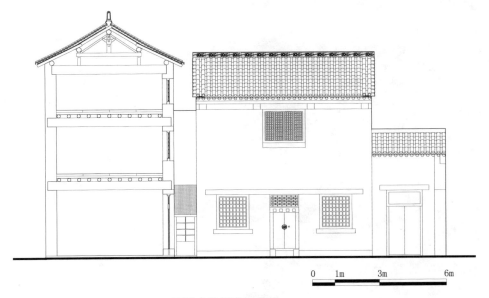

双进士院后院剖面图

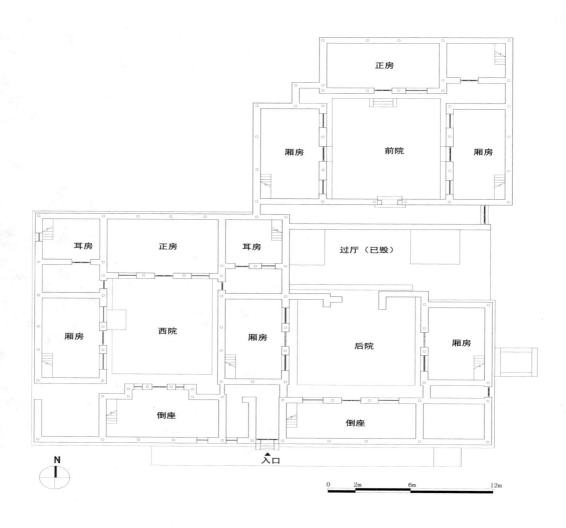

郭仕直院落平面图

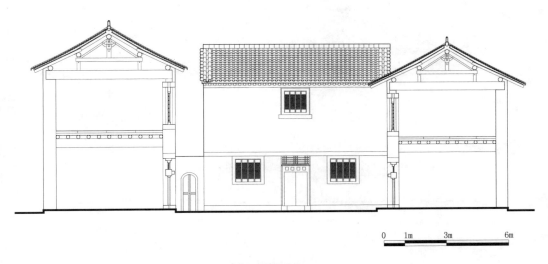

郭仕直西院剖面图

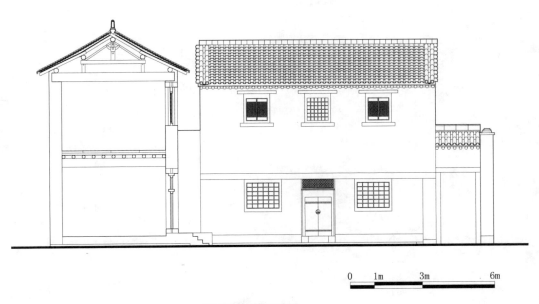

郭仕直前院剖面图

山｜西｜古｜村｜镇｜系｜列｜丛｜书

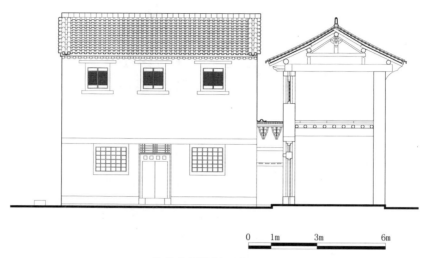

郭仕直后院剖面图

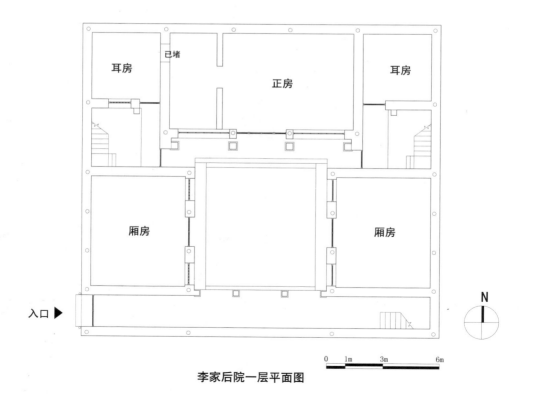

李家后院一层平面图

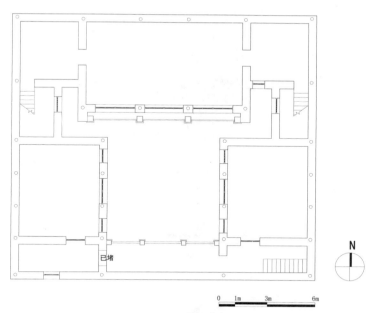

李家后院二层平面图

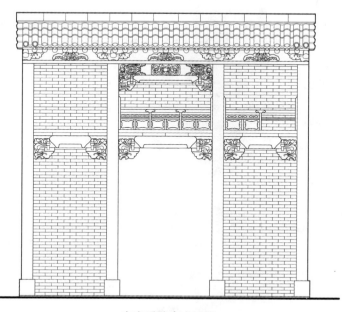

李家后院南立面图

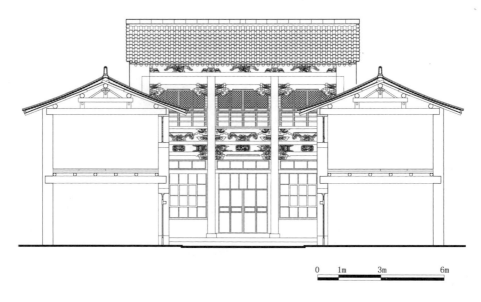

李家后院北立面图

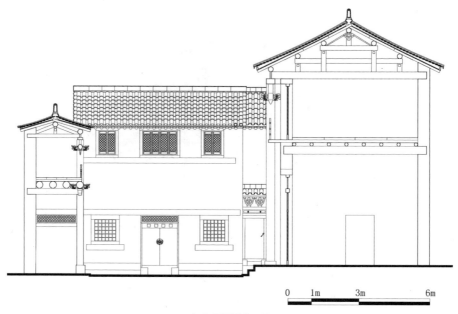

李家后院剖面图

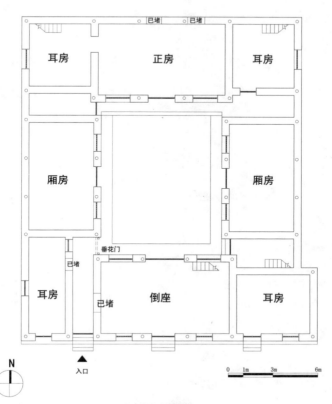

当铺院平面图

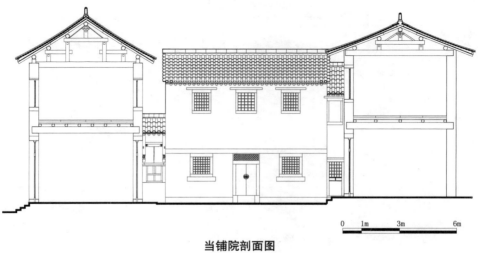

当铺院剖面图

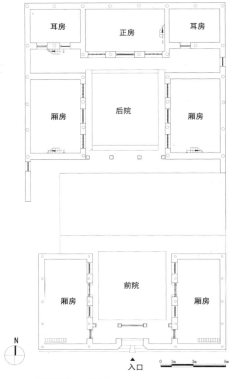

阁子院平面图

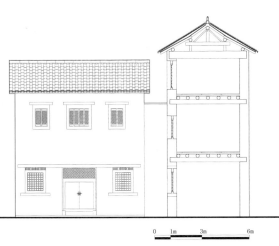

阁子院西立面图

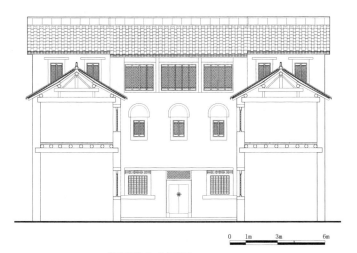

阁子院北立面图

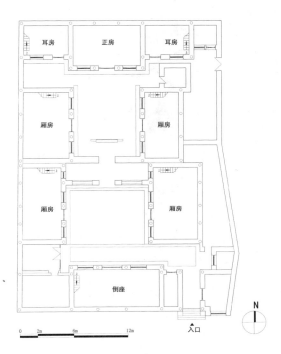

王家院平面图

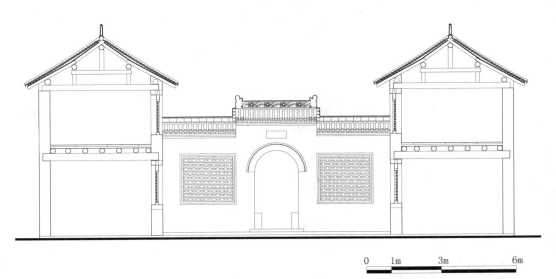

王家院剖面图

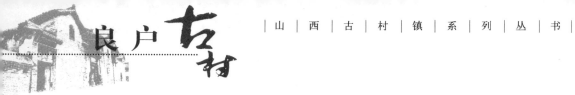

山｜西｜古｜村｜镇｜系｜列｜丛｜书

王家院西立面图

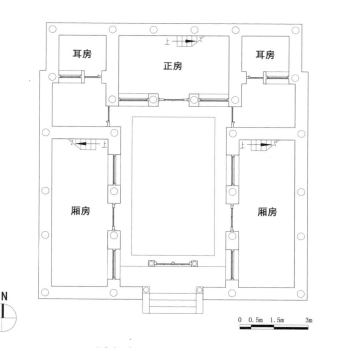

"室接青云"院平面图

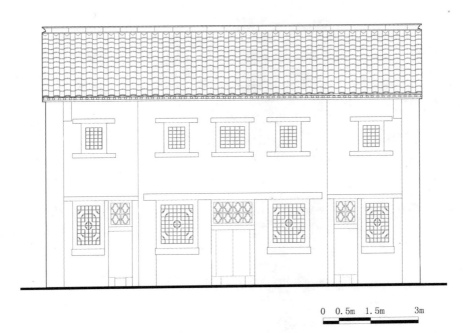

"室接青云"院正房立面图

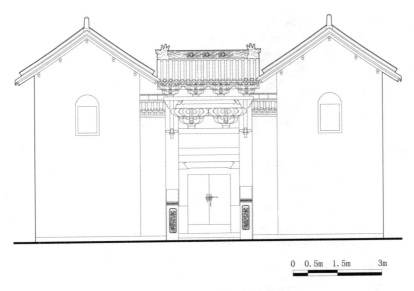

"室接青云"院外立面图

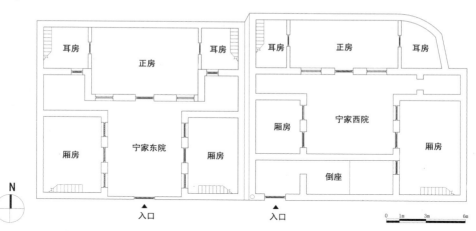

宁家院平面图

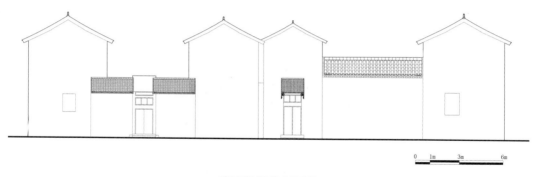

宁家院沿街立面图

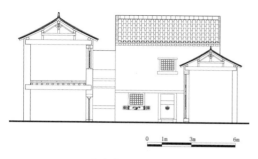

宁家东院剖面图

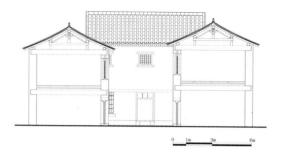

宁家西院剖面图

玉虚观总平面图

|山|西|古|村|镇|系|列|丛|书|

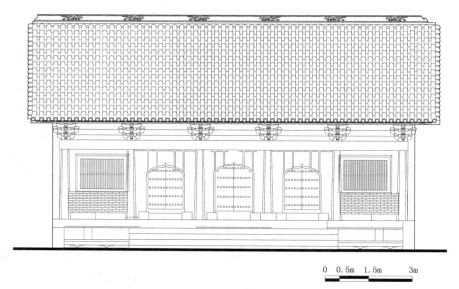

玉虚观正殿立面图

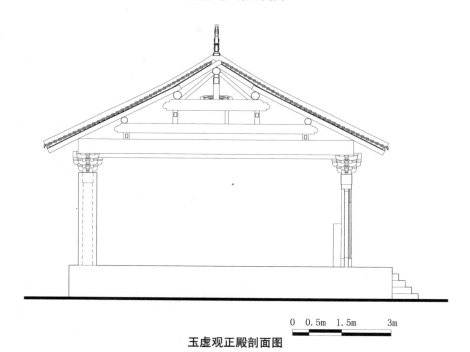

玉虚观正殿剖面图

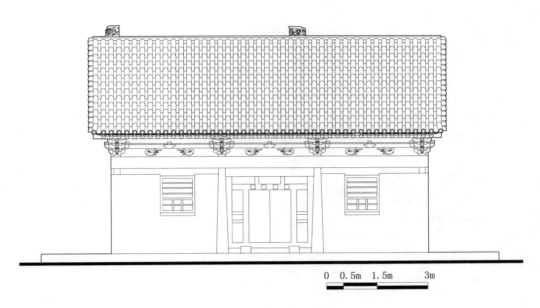

玉虚观中殿立面图

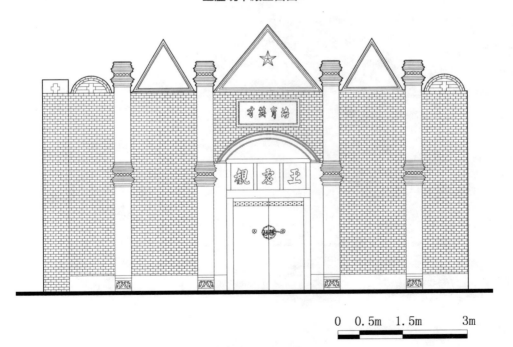

玉虚观大门立面图

|山|西|古|村|镇|系|列|丛|书|

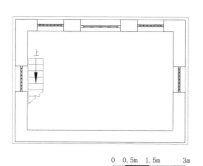

魁星楼平面图

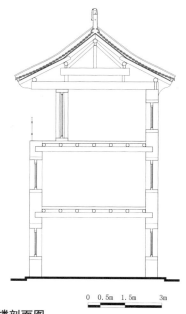

魁星楼剖面图

魁星楼北立面图

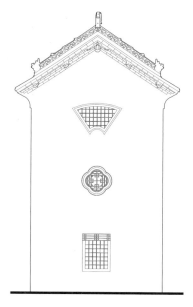

魁星楼东立面图

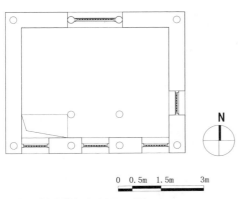

寨上村潘龙阁三层平面图

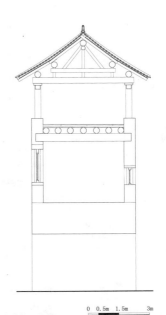

寨上村潘龙阁剖面图

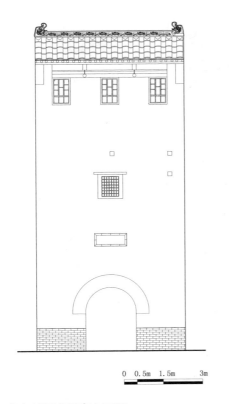

寨上村潘龙阁南立面图

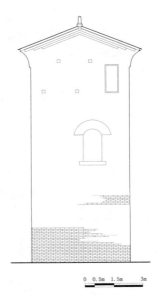

寨上村潘龙阁西立面图

山|西|古|村|镇|系|列|丛|书

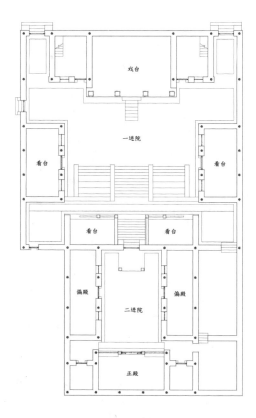

大王庙平面图

大王庙剖面图

附录2　碑刻选录

1. 赠大中大夫张崇古墓志[1]

　　张崇古，幼负大志，优于文学，父母早逝。或劝之仕。曰："仕以行志也，亲老而养，不逮吾志，安乎"？居恒乐善喜施，嫁宗之孤女五人，瘗贫乏不能举者十余丧。宗族兄弟有官本郡者，屏居山泽，不一造其门。既罢，情礼疑恰如初，人称真孝廉。

2. 新修玉虚观记[2]

　　都功德主泽州长官夫人清真散人李同善
　　状元庄靖先生李俊民用章撰
　　元素子郭志玄校正
　　全真门下申志谨，高平县都善乡蒲泉里梁村人，舍俗出家，礼怀州青城观清真子李志端为引渡师。游历诸方广其闻见，癸巳年（宋理宗赵昀绍定六年，金天兴二年，公元1233年）戎马交驰，乃归本处立庵住持，师年四十有九。乙未（南宋乙未二年，公元1235年），燕京选试天下僧道，乃试经中选。师性淳古，衲衣百结，不事修饰。笃意进道，未尝少息。精于方术医药，救灾拯患，除害荡妖，靡有不效，居民赖焉。许旌阳、陶隐居、封君达安、丘望之家风欤？崇建灵宇，为正殿三间，塑三清圣像，为法众朝真之所。东西云堂各三楹，以延纳往来高士。前殿面势，一如正殿之仪；左右庑，如云堂之制。次东斋厨挟室，节次补完，事半功倍，不日而成。不华不陋，岑寂萧爽，真幽人衲子栖息之境也。凤翅山之南，双龙岭之北，左有汤庙，右有吴神，护持福地，流水环其中，澄澈清冷，涤人烦襟，良可喜也。遂易庵为观，额曰："玉虚"。师于乙巳年二月十五日（公元1245年）即真，寿六十有一，道号圆素子，其徒赵志真、张志明、秦志通、申善信，继成其志。旃蒙单瘀岁重午前二日，申善信，赵仲温以其事求文诸石，以传永久，故书。庄靖先生李俊民记。
　　　　　　　　　　　　大朝岁次己卯五月申朔十五日庚戌知观赵志真立石
　　　　　　　　　　　　　　　　　　　　功德主捕盗官赵贵
　　　　　　　　　　　　　　　　　　　　功德主本县次官宋立
　　　　　　　　　　　　　　　　　　　　功德主本县长官姬绍祖

1　宋代勒石，秦垣（曾任秘书正字）撰神道碑，1995年《晋城金石志》著录。据此，可以确认张崇古为高平通义南里，即现在的良户古村人。
2　碑在良户古村玉虚观。元至元十六年（1279年）五月十五日立石。碑为石灰岩，高117厘米，宽71厘米，厚18厘米，碑座为条几式，砂石岩，高20厘米，长76厘米，宽46厘米。李俊民撰，马九成书，张道□刊，知观赵志真立石。碑首为梯形，上刻双龙出海祥云图，中刻"新修玉虚观记"。碑身两边刻单戏珠和出水游龙图。碑保存完整。

功德主本县宣差合刺大因
都功德主泽州长官段直
本州马九成书丹
介然居士张道□刊

3.九子母阁壁记[1]

　　岁壬戌，余读礼山中，时当季夏，余暑蒸人。憩卧小窗，梦游邑东场庙，有神抱儿谓余曰："此宁馨口，当胤若。"余顿首称谢。未几日晡，余将□，神忽立于庙外崖头上，余翊神进庙，貌若新塑状，衣领壅起，余手为振抑之。泊觉神骨悚然，洋洋如在左右。余异而识之。□旬日，□人立轩、畏我、翔宇、庆寰四君，与余□荆而语曰："吾邑东西南北俱有神宇，独吾居前后阙然。愚竟欲在袁仁宇房右，建一九子母阁，相与尸而祝□奚若？"余闻之唯唯，已麟徵儿出募缘疏，同立轩等□化诸人众，诸众咸欣然乐举，捐资几二十金有奇。立轩等遂集村鸠工新之，工甫□而诸众群子来赴工。□□□旬而告竣焉。立轩谓余曰："此举规模渺小，虽若未足以栖神，然□址而袁君慨然募□□，大众欣然，经始落成，而功后□然盖俨然若有神助云。愿君记之。"余假之神，益悚忆曩日之梦，殆非幻想，□补歆献此土而闻灵于梦也耶！昔大禹祷于高□而生□□之人诚祷于兹而咸响应焉，则神之福之多矣。余岂敢妄为荒唐说，发曷邀神贶并吾党。□时。

天启二年九月念七日
后学田驭贤熏题

4.重修玉虚观碑记[2]

　　甲午科举人特授江苏直隶通州州同武闱甲子同考官加一级田次何撰
　　邑庠生田舜聪书
　　余谓神明之有殿，□犹生人之有室居也。室居为生人所栖止，殿宇实神明之所凭依。人之室居尚欲勤其绸缪，神之殿宇安可听其倾圮？如吾乡玉虚观，由来久矣，创自大朝乙卯年，规模壮丽，□□一隅之胜地，实泫邑之巨观。奈代远年延风雨飘摇，不无颓败之虞。传至大明正德十五年，幸有本观住持袁道绒募化重修，庙貌复奋。第迄于今，已历二百余年，其间损坏又多。吾乡人每欲修理，苦于工程浩大，议论纷纭。是以日延一日，未克举行。赖余族弟生员田舜聪，发大愿力，不避嫌疑，不惮艰难，毅然为己任，与乡之信善，共计捐资七十三两四钱一分。于甲戌年修药王殿，费过银二十二两三分。后因费用不继，合社公议，又将庙内松柏二株、黑桃树一株，货卖价银一百一十两零七钱，同首事郭柏岚等，量入为出，鸠工□材，勤劳督率，共襄盛事。工既告竣，嘱余为文，以志其事。余念慈非止示公，亦以冀后之同志者，勿因畏难而苟安，勿因引嫌而败事，触目惊心，频加葺补，庶可以永久不废。余缘不敢谢不敏，而援笔以为记。

谨将施主姓名列于左（略）

---

1 明天启二年九月七日立石（1622年）。碑为石灰岩，高88厘米，宽36厘米。田驭贤题。碑保存完整。
2 碑在良户古村玉虚观内。清乾隆二十年（1755年）立石。碑为石灰岩，高198厘米，宽67厘米，厚25厘米。田次何撰，田舜聪书，王有宝刊。碑为圆形首，上刻双龙祥云图，中镌"重修玉虚观碑记"字样。碑身周边为仙草纹。碑保存完整。

　　　　　　　　　　　　　　　　　　　　　本观主持陈合云
　　　　　　　　　　　　　　　　　　　　　玉工王有宝勒石
　　　　　　　　　　　　　　　　大清乾隆二十年岁次乙亥仲冬吉旦

5. 重修大王庙碑记[1]

　　邑人增庠生稼山田廷访撰

　　吾村之南有金龙大王庙，地据岗峦，位正离宫，面临大河，诚巍巍巨观也。创建□□□计春秋在先□□修葺至再至□□□未有碑迹，莫可考稽。目今年深日久，风雨□残，非惟阶积榛芜，椒胥莫展，亦且殿宇倾圮，神罔凭依，凡我同人，爰起义举，此间族党合力捐助，同心赞襄，共成盛事。正殿三楹、桓塘基址、门闸、上盖一切重修，复增耳房二座，东西敞棚改为禅室，西南角门易为正北山门，加以石梯一道，丹垩其宫，金碧其像，法座庄严，庙貌维新。兹当功成告竣，勒诸贞珉，永垂不朽。是为志。

　　　　　　　　　　　　　　　　大清乾隆二十九年甲申季夏榖旦立

6. 重修九子庙壁记[2]

　　吾村九子庙为太平街之首望，人人供奉而祷芝兰，家家软崇以邀神惠。创自天启二年（1622年），田氏督其工，袁氏施其地。习宇颓裂，渺不关心。今春考创建之碑，始知非田氏独营。共议重兴，劝化资财，重修上盖，补换根基，金□神像，彩绘祠宇，革故鼎新，讫无□略。以视向之漫漶□□者，一旦变而为爽垲洁净之所，诚所谓式神圣崇祀典也。今工程告竣，徵予作序。予不善文辞，聊志善信之布施，以勖后之乐善者。是为记。

　　　　　　　　　候选布政司理问洁泉王□吉熏沐谨撰并书
　　　　　　　　　　　　　　　　众善布施（略）
　　　　　　　　　　　维首袁德美秦广智邵大兴同立石
　　　　　　　　　　　　　　　　铁笔苗树德刊
　　　　　　　　　　嘉庆贰拾年岁次乙亥十二月中浣之吉

7. 玉虚观重修碑记[3]

　　庙宇者，神圣之所凭依也。必殿宇辉煌，禅房建立，乃可以妥神灵，而绵烟祀。倘代远年延，

1　碑在良户古村大王庙内。清乾隆二十九年（1764年）立石。碑为石灰岩，长55厘米，宽47厘米。田廷访撰。碑保存完整。
2　碑在良户古村。清嘉庆二十年十二月（1815年）立石。碑为石灰岩，长65厘米，宽49厘米，厚18厘米。王履吉撰并书，苗树德刊。碑保存完整。
3　碑在良户古村玉虚观内。清嘉庆二十二年（1817年）立石。碑为石灰岩，高220厘米，宽68厘米，厚24厘米。碑座为砂石岩，高23厘米，长93厘米，宽61厘米。碑为圆首，上刻双龙祥云图，中镌"玉虚观"字样，碑身上边刻有龙凤呈祥图。碑身两边刻有六组图案，左边为：单凤朝阳、吉祥如意、缠枝瓜藤图，右边为：凤戏牡丹、琴棋书画、随风荷叶图和几何图案。碑身下边为单龙祥云图。田世英撰，田步张篆，王履吉书。碑保存完整。"玉虚观"这一名称系由道教用语引申而来，观内主要建筑创始于元代，明清各代均有更缮。现存三清殿、前殿等。

任其倾圮，山门坦墡，渐次倒塌，而不思所以增修焉，不惟无以肃观瞻，抑将何以隆典乎？吾村之有玉虚观，创始自大朝，记载在邑志，诚古迹也，且为一邑之胜境焉。但开基创始固赖有前人，而踵事增华，必资乎继起。自元至明，赖有本观主持袁道绒重修殿宇，改造山门，其规模制度，较前阔大。经历二百余载，至本朝乾隆二十年，邑庠生田舜聪携首事郭柏岚等敛财度用，依式□修，将坏者修之，破者补之，而观院又复维新矣。迄今又六十年，殿宇参差，梵宫倒塌，庙貌为风雨所漂摇，有荆棘铜驼之感，檐牙鸟鼠之穿啄，有荒烟蔓草之嗟。且三官大帝之殿倾倒堪虞。入庙者有肇修之心，瞻拜者兴更新之念，饰辉增美，人心皆然，而功大费繁，莫敢任事。今于嘉庆十七年，阖村士庶共议重修，择能任劳竭力□事，出外经商者，携缘募化，村居信善者，量力施财，敛就数百余金，方敢经营缔造，置物备用。谋划数载有余，庀事鸠工，功程此日告竣，将各殿上盖一切重新，俱□修以焕彩，山门禅室、彻底重修，仍旧基而改观，且南面临河，难以壮观，又建南房七间，以镇离位。由此殿宇森严，庙貌灿烂，不但为一邑之巨观，诚千古之盛事也。迄于今，□飞鸟革，神宇忽然而维新，朱户丹楹，古殿从此而添色。所以妥巨灵而绵□祀，厚风气以迓神庥者，胥于是乎在焉，今丰功告竣，宜示来兹，敬勒于石，以垂不朽云。

邑庠生田世英撰
太学生田步张篆
敕授儒林郎布政司理问王履吉书
大清嘉庆二十二年岁次强□赤奋若孟冬上浣□旦

8. 大王庙创修前院碑记[1]

尝思肇基者创建于昔，踵事者必继之于后，则前人之德益彰，而今之美乃并著也。如吾村之大王庙，由来久矣。位居离宫，大河临其前，不诚巍巍然之势也哉。无踵事而增华也易，肇基而创始也难。即如此，院前有舞楼、东西仅建垣墡，不足以壮观瞻，何以别士女之望。但工大费繁，前人有志而未逮也。自道光壬辰年，蓄资至今，约有若干。今邑数老不谋而合，共举前院当建看楼数间，追继前人之志，鼓舞前进。东西特立看楼上下十二间，东西山门上下四间，俱改造重修。盖村中财长者，量力捐资，各输襄之余，共乐称善举，庶令神光焕彩，援笔以详其事，庶几乃垂不朽云。

太学生田域题
经理钱谷首事郭进邵泰安田暹赵永祥
大清道光十八年戊戌仲冬吉立

9. 新建魁文楼碑记[2]

文昌、魁星说者以为皆星也，而人俱以神祀之，并以形象之。事不可考，而理或可推。按八卦，

---

[1] 碑在良户古村大王庙内。清道光十八年（1838年）立石。碑为石灰岩，高89厘米，宽52厘米，厚23厘米。田域题。碑为圆首，上刻双龙戏珠祥云图，中镌"众善同归"。碑身两边刻缠枝花草纹。碑保存完整。
[2] 碑在良户古村玉虚观内。清道光十八年(1838年)立石。碑为石灰岩，高194厘米，宽70厘米，厚26厘米；碑首高88厘米，宽73厘米，厚28厘米，碑座高33厘米，宽76厘米，长76厘米。王攀桂撰，宁元忠书，李金成刊。碑首为长方形，上刻高浮雕双龙戏珠。中镌刻"新建魁文楼碑记"。碑身两边刻八仙翁图，折枝牡丹图和四季花卉图。碑座为圆雕形。

东南曰巽。巽为风，文气之所注也。配以神，文星之正位也。择地事神，取义相形，精气之所聚，感而遂通则星也。而神祀之宜于理，不必凿其事也。吾村玉虚观之东南隅，旧有成基一段，前辈社友相传为魁楼遗址。因村小力微，艰于创造，久为村中之缺陷。壬辰春，社友田子平、霍云溪等十数家好善乐施，欲继前人之志而继成之。盖虑所积之不资，又恐已积之废也。窃思□村之远游者必多，仁厚之交，涣携缘疏，广为募化，庶集腋成裘，众擎其易举欤。不期人有同心，果一举而功成也。噫！捐输者慷慨，募化者勤劳，而田、崔诸君，始而积资，继而劝义，鸠工庀材，无不曲尽其心，殚竭其力，仍其基础，创建魁楼三棚，上下九间，迤西登云堂一间，巍然高耸，涣然维新。洵文气之攸隆，一乡之壮望也。带水屏山，蓦地起文明之秀，梯云步月，凌空摇翰墨之光。卜风云之际会，行将雁塔题名"战奎壁之联辉，拧看蟾宫折桂"。余与斯楼有深幸焉。兹工程告竣，同社友欲勒石垂芳，为捐修者德，不远千里，书嘱为文。忝在同社，不敢以不文辞也，并不欲泯众善之归焉，爰濡毫而为记。

例授修职郎吏部即用儒学教谕雨香氏王攀桂撰
廪膳生负子丹氏宁元忠书
大清道光十八年岁次戊戌孟秋月吉

10. 创修歌舞楼碑记[1]

将欲为邑中立祈报之所，以敬恭明神，非有其基址，有其财力，有其人力而又有同心合志之人者，不可得而有为也。然而求其一一俱集者，往往难之。若因其基址，出以财力，人且无不鼓舞以趋事，将肃民事神，以壮一邑之观瞻，胥于是乎。在吾村有玉虚观，旧不缺祀矣，究非所以为祈报也。然门外余一基址，昔之人岂置为旧闲旷地哉，亦谓祈也、报也、赛也，将于是乎取资，但求筑一台榭，猝难得焉，然未尝不有待于后也。甲寅岁，村中理社事者，欲迎先农神皇，于此造台楼，图祈报。倡此盛举，阖村人等即无不奋然起，慨然应。于是计功权费，踊跃争先，人人量力多寡，各自捐输，以致鸠工庀材，不岁而功告竣，殆所谓勇于赴功，乐于趋事者耶。是何昔人之所难，而今人之所易耶，得毋以同心合志，果能相与以有成者然耶，嗟乎！观乎此者，南则山环水印，烟树迷离，于斯台有光焉；台则鸟革□飞，美轮美奂，于一邑亦有光焉。然其所以此者，欲村人观斯台而肃然起敬，以思春秋祈报之本，而不徒为观游之地也。抑亦欲村之人思台之所由起，所由成，一心一意，相亲相睦，而无或不守社规焉。是诚吾邑之厚幸也。故志之。

廪膳生员子丹氏宁元忠撰
敕授修职郎现任襄垣县儒学教谕雨香氏王攀桂撰
邑庠生鉴涵氏袁□如书
大清咸丰七年丁巳孟秋月上浣榖旦

11. 大王庙补修碑记[2]

此所谓补偏救弊，踵事增华也。城西三十五里良户村，旧有大王庙一所，镇位离宫，负山带

---

1 碑在良户古村玉虚观内。清咸丰七年（1857年）立石。碑为石灰岩，高186厘米，宽62厘米，厚18厘米。宁元忠撰，袁□如书，王攀桂篆，牛福贵刊。碑两边刻四季花卉纹。碑保存完整。
2 碑在良户古村。民国17年（1928年）立石。碑为石灰岩，高170厘米，宽67厘米，厚27厘米。碑为圆首，上刻三鹤祥云图，碑身周边为八仙图和几何图。武绳祖撰，宁绍武书。碑保存完整。

河，载在碑碣，言之已详，创建虽无可考，重修实有所稽，体势雄巍，不烦再述。无如星移物换，经年而檐瓦齐飞，栋折榱崩，坠地则花阑俱碎，时非其旧，庙难于新，使不及是补葺，恐风雨摧残，能无触目惊心之虑乎？维时会中善士，公同商酌，欲继前志，重为完善，借金伐木，易粟庀材，补其漏而葺其敝。废者兴而缺者修，墙垣高耸，周围有扩大之规，丹垩涂饰，制度有焕然之象。此一乡之巨制，为千古之大观。庙之院宇，凡若干层，殿之大小，凡若干楹；神之装塑，凡若干像。禅室、僧房、看楼、台榭，凡若干间，其余砌石梯，竖扇屏，筑堤堵河，规模曲折，又凡若干样。前后数次，总计费用银币伍佰伍拾有奇。是役也，孰先之，孰后之，孰督理，孰维持，凡心协其谋，心勤其事者，统书姓名于石，以垂不朽。世或有议之者曰：补修固宜，然苟可以肃拜跪、壮观瞻，即失之简陋，庸何伤？而乃金碧辉煌，丹青用状，历十余寒暑而始成，其糜费不甚多焉。余曰：子之言诚善，犹未尽也。夫人之举事，视乎心之乐与否？吾观会友群思其德而改其观，报本之心出于至诚，庙貌因之而增光，殿宇因之而生色。不忍破坏以渎神明。故壬子经始戊辰告竣，请余作序，登珉记事。余□邻里，知之最确，感一念之微忱，成莫大之义举，不敢以不文辞，抑亦不欲泯众善之意焉。是为记。

民国三年买卖到东川路东西上地两段，计拾亩，东西畛：东至塄下根，西至后塄根，南至东一截塄下根，西一截小路中心，北至界石。

郡庠生师范毕业检定初级教员绍庭氏武绳祖撰
讲习所毕业检定初级教员卫卿宁绍武书
中华民国十七年岁次戊辰季秋中浣□旦

12.重修万寿宫记[1]

噫！古今废兴之故，岂不以人哉？遑余诸生时，偶一至马圣姑庵，见其林鹿丛秀，漳水争幽，秘阁崇轩，凌风蔽日，询名胜之窟宅福穰，之奥区也。独是居诸代易，风雨飘摇，鸟也左，鹭也右。丹上而碧下，不犹是当年之华表耶？而踣者、欹者、零以落者，忾乎荒烟蔓草之感矣。披藓驳，寻断碣。是庵也，肇封于元，追明成化间始大创兴。及于今垂三百年，浸假而至于废，占祀田则有人，盗山木则有人，因岁是以为利则有人，而殿庑则任其废而莫之兴。噫！何古今人不相及也。岁辛丑，家大人至庵，见其状，油然念之，向里中善信焉永桢辈谋修葺。佥曰："工浩用繁，计将安出？"家大人曰："余宦也，弗能从事。惟是二三间尚，十室九虚，募之不应，反以骥功。无已，则有因物成功之术乎？夫大山阿之松，往日被窃伐无算，盖酌取焉，或庀之为榱栋之用，抑贸之亦工料之资也。累之以锱铢，需之以岁月，旧者新、敝者整矣。"众惟唯而退，卜日治事，经理维勤，出纳必谨。始于康熙二年至七年，而圣姑正殿及左右各祠竣复。自八年起工，至十年而三清殿竣。至十三年，而药王殿又竣。会余以病归里，众善信告落成焉。家大人为余道其始末，且命余记之。余用是喟然于古今废兴之果以其人也。不縻时、不动众，而雨残春社之壁，攸为灵风夜归之旗也。因物成功，厥谋孔臧，吾愿后人之法之也。彼占田盗木以为利，是毒脯救饥，酖酒止渴，获戾神明，讵能昌后？吾愿后人之戒也。审如是也，虽千百世可以有兴而无废也，是则家大人之志也夫。

---

[1] 清康熙十五年三月初二日（1676年）立石。碑为石灰岩，高153厘米，宽63厘米，厚22厘米。碑座为形，砂石岩，长92厘米，宽66厘米，高26厘米。田逢吉撰文，郭梦瑞书丹。田逢吉，字凝只，顺治未进士，选庶吉士，授编修，累官内国史院学士，终浙江巡抚。碑为圆首，上刻双龙图案，中镌"万寿宫碑"四字篆书，碑身周边为线刻双龙戏珠图。碑保存完整。

大清康熙拾五年叁月初二日
赐进士出身通奉大夫巡抚浙江等处地方提督军务兵部左侍郎兼都察院右副都御史加一级前户部
左侍郎经筵日讲官内翰林国史院学士加一级田逢吉撰

13. 王天禄墓表[1]

皇清貤赠儒林郎尔俸王老世台先生暨老伯母范安人何孺人范孺人合葬墓表

士之抱大志，怀奇才者，非改尽在廊庙间也。商贾市廛，往往有贤人君子以寄迹其中。彼其心非在货贿者，方且与寻常贩夫歇易有无，权子母，共奔走于阛，固有托而逃耳，而才与德已昭然而不可掩。余于尔俸王公见之。

公之先世，高邑冯村里十甲城山人也，年远无考。自曾祖讳有才，配王氏，居董峰村，生子二，长一从，即之祖也，配姬氏。次一恩，配田氏。祖生子一，讳起，即公之考也，配范原村，次即迁居良户村之尔俸公也。公讳天禄，字尔俸，倜傥有大志。因家计弗赡，弃儒业高于山东，固属长才而短驭矣。然披星戴月，备历艰难，握算持筹，长于货殖。念创业之维艰，思守之成不易。诚以一身交任其责者，虽古之陶朱、倚顿奚以过。然量入为出，自奉虽俭，而文交游，好施也，人有缓急，辄慷慨以赴而不辞。以视世之守钱虏，其贤不肖之想去几何哉！余固不多公之才，而转多其德也。迨年迈旋里，持家恒禀格言，教子有义方。敬宗族，睦邻里，可谓孝于亲而友于乡矣。今后嗣绵绵，肆力诗书，一门英俊，磊落相望。然则王氏其方兴未艾。

公生于康熙丁酉十一月十五日，卒于乾隆己酉闰五月二十三日，享寿七旬有三。以次孙朝干公贵，貤赠儒林郎，元配范太君赠安人，继配何太君、范太君、焦太君□□范安人出。长讳增，字如川，敕儒林郎布政司理问，元配李太君赠安人，继配宁太君封安人。次子讳堂，字明庭，享年一十有冥配李太君□公。次孙履吉为孙男三。长履祥，字和庵，太学生，李安人出，元配崔孺人，继娶景德乔公女。次孙履吉，字朝干，援例授布政司理问职衔，即出嗣于公之次子明庭者，元配袁安人，继娶知务和公女。又次孙履庆，字廷弼，太学生，元配焦孺人，继娶士基范公女，俱宁安人出。曾孙三：长益谦，字培德，太学和庵公之子也，娶庠生克恭许公女。元孙一，名登科，培德公之子也。今以嘉庆戊寅三月十五日，公之长子如川公暨李、宁两安人，合葬于公所葬本村之新阡，敬勒贞珉，改换祖碑。公之次孙朝干公状属余，表其墓，又不敢以不文辞。因不揣荒谬，用录其实，以播示来兹。庶几陵谷迁而德音不磨云。

诰授奉直大夫军功议叙盐运司提举愚世侄程克恭顿首拜撰
敕授儒林郎吏部候选布政司经历年家愚侄郭抒茝顿首拜篆
时大清嘉庆二十三年岁次著 提格□□中浣榖旦

14. 诰封田逢吉父母碑记

奉天承运皇帝制曰：扬名显亲，为子者愿以□德归之父；考贯襃贤，教孝者宜以高爵作之忠。是用推恩。是用推恩，特申休命。尔田驭远，乃内国史院学士加一级田逢吉之父，义方有训，式榖无

---

[1] 碑在良户古村。清嘉庆二十三年（1818年）立石。碑为石灰岩，高210厘米，宽68厘米，厚19厘米。程克恭撰，刘士彦书，郭抒茝篆。王天禄，字尔俸，号世台，高平良户村人。碑残存。

惭。念尔嗣之勤劳，既克家而报国，俾尔泽之昌大，爰锡类以昭仁。兹以覃恩，封尔为通奉大夫内国史院学士加一级，锡之诰命。于戏，教诲尔子，永勿忝于家声，聿修厥德，尚无负于国恩钦承宠命，益励猷。制曰：恩彰锡类，母道攸同。孝取崇先，予情无异。用申巽命，以表前征。尔内国史院学士加一级田逢吉前母赵氏，勤以相夫，伉俪虽乖于中道殁，而有子显扬，无间于所生。并昭顾复之恩，宜沛哀荣之典。兹以覃恩，赠尔为夫人。于戏，九原如在，永垂彤史之光；大赉用颁，式作玄扃之贲。钦予宠命，慰尔幽贞。制曰：国体劳臣，必逆源沛泽，家崇哲胤，爰归善于厥生。盛典维新，壶仪愈著。尔内国史院学士加一级田逢吉母冯氏，伟范克端，胎教居身教之先，慈训唯勤，能爱在能劳之后。宜沛貤封，用昭母德。兹以覃恩，封尔为夫人。于戏，子情罔极，感顾复而敦孝；国纶普被，念劬劳以疏荣。嘉乃恩勤，颁兹宠贲。

康熙六年十一月二十六日

15. 良户村田氏石牌楼题记[1]

诰赠通奉大夫内国史院学士加一级祖田可耘
诰封通奉大夫内国史院学士加一级父田驭远

16. 田驭远奉祀乡贤祠碑记

　　山西泽州为德望允孚定论推崇，实有同情，祈採乡评议光祀典事。据该县□康熙十九年六月二十六日，蒙本州知州金祖诚据本县儒学廪增附生员苏甲拆等呈前事。呈称窃惟邦垂秩祀，徽公论于官墙；乡有名贤，宜馨闻于俎豆。盖循名不如考实，而彰德即以维风。

　　本县已故诰封通奉大夫内国史院学士加一级原儒学生员田驭远，挺姿岸□立□方□，学以□为宗，不求章句，文追性灵，尚弃尽铅华。黉序腾声，再应徽车不第。行惟古处，迹约时趋。其孝也，侍疾感通乎梦语，诚可格天，遇兵代于临危，但能化矣。是何异昔派刘殷查清道江洛翁若而人其友也。让产于既□之□父金□抚孤于再世之，□裕后，是何异昔之薛邑□鼎柳元公。若而人其修身为真品，抱质敷文，高风四方可式，履仁蹈义，直道三代而行，是何异。昔之练纪出宣，若而人教弟名，臣课之制蔽章冀北空群以官清正南重望，是何异昔之□太□贤若而人其持家也，约虽当养尊处盛之日，不改布衣，脱粟之恒故三□一尘不染，是何异昔之宣秉扬伯起。若而人其处起也，实虽其严霜烈日之苦，当伐霁月光风之气，故强武弗夺而□可捐，是何异昔之陈□庶若而人其急公乐善也。

　　建阁建峰，文风由振，修埠修橹，里姓以安，施济宁□昆虫咸深厥德，是何异昔之陆九龄、赵善应。若而人其训俗化人也，□则古革旧从德，戡暴扶良，畏威怀德，□俭尤兼，示礼庸□必□庸行，是何异昔之程一德、王彦方。若而人□等素仰其风，共钦其德，宦以人重，人不以宦重，乃肝衡当世之宜，安能不益重其人，贵以贤忘贤，不以贵忘帮。倾服若翁之贤，有似乎尽忠其贵。夫何太星夜陨，如木□徽国之庭，天鼓宵鸣，若雷震文清之枢。悲典型之不作，吾孰与归；幸模楷其未删，伊人宛在。参之众论，合以佥谋。德星既炳千秋；壁水宜光一座。伏唯今轮普照，辉煌风

---

[1] 碑在良户古村寨上。清顺治年刻石。为石灰岩，长192厘米，宽32厘米，厚13厘米。残存。另有"金马玉堂"大字碑文一块。

纪。统司玉尺弘裁，燿灿人文宗主。念躬行为圣贤所重，当从事圣贤之林。知表德乃教化攸关，斯憾弘教化之路，则观乡而知王道之易，入庙而识儒行之崇矣。蒙□高平县确核详转。又本州信票蒙提督通省学政山西等处提刑按察使金事加三级刘，据本县儒学廪增附生员苏甲拆等呈同前事，蒙批仰泽州查议，并行到县，随行儒学确查。续据儒学呈报：看得已故原儒学生员诰封累锡，至康熙六年十一月内诰封通奉大夫，内国史院学士加一级田驭远，事亲笃孝，至诚贯于天人：训子成名，伟望充乎朝野。分财让产，里颂高风，解怨释仇，人推长者。体虽尊于三命，心则净无一尘。广施与之怀，□济物，端彝常之范，训俗宜人。亮节清风。城邑杏□台之迹，内亲外敬，儿童知君实之名。淘哉百世可师，允矣一乡之善。生而忘势，文献推物望之崇；殁也垂芳，星雷见天心之吊。将以维风励俗，亟宜从祀荐馨。博采乡评，备造本宦事实。册结牒呈到县，卑县覆查得，本宦纯懿成性，理学邃修，孝友笃于家庭，内外无间；和惠被乎里闾，逖迩有乎，教严义方，欣看凤麟挺起；品隆圭璧，共钦齿德俱尊。乐易为怀，周茂叔之光风霁月，温恭有度，山臣源之璞玉浑金。恤人艰而济难扶危，姒美窦氏之义，遇公事而直言正论，并高澹□之。人称之为太丘公，学者宗焉，若文中子多福，足徵天眷爱重，被夫宠荣。皇恩润□泽□，岂独由于子贵，允宜类宦从祀，庶几名教有光。

十九年八月十二日详报到州，本州知州加一级金祖诚，看得本宦质同璞玉，行比珪璋，孝友著于宗，忠信乎于里间。荀慈明之令望，允矣同侪，郑康成之经猷，兹焉再构。丰徽虽杳，芳躅犹存。实一代之观型，乃后进之式□。所当亟膺祀典，以光俎豆者也。转详提学道加三级刘蒙批，乡贤钜□攸关，据详田宦请祀芹宫，舆情洵尔允协，裹例是否相符，仰州不厌精详，博采乡评，取具事实，册结详报等。因到州转行到县，随命儒学确核去后。续据儒学呈报，仰遵□迟回详慎，考诸全庠之定论，参以通邑之公评，众口一□，金云本宦孝友，近代所无。德行古人克比。复将前胪列各款，逐一查询，尽系生平实迹，绝无抚拾浮辞。既为人望所同归，自宜学官之从祀。庶几群情感慰，风教大兴矣，复同□呈报到县，卑县复查，得本宦孝友比美于前型，品行超大型乎近代。细查胪列事迹，委非饰词。及询阖邑士民，佥出一口。既允协乎舆论，应崇祀之黉宫。具结修申到州，□此本州看得学官以褒德为先，乡贤以从祀为重。本宦孝□行敦所践履，与人为善，有陈实之高风，守□能方见仇香之雅性。允乎舆论，凤贲天纶。遵奉详稽，复核无异。本诸宜道，已昭三代之公，率彼旧章应□两纪令，将本州印结同谼县原结，并事实册五本，理合具申伏祈照样□行。

康熙二十年八月十九日，蒙提督通省学政山西等处提刑按察使司金事加三级刘，看得诰封通奉大夫内国史院学士加一级田讳驭远，赋性直方，秉躬端亮。介清以关节，始终高不曲径之风，和乐以教家，内外乎无间间言之誉。诚孝有格天之验，梦中神语如闻，至情推同气之仁，奕叶荆花垂茂。皇封三锡，义方荣渝燕山，积行百端，月旦声流晋水。所可陟乡先生之一席，式都人士于百年者也。仰州行县择吉置主以礼送祠。交册存结。查山西泽州高平县为乡贤□既行奉祀之人宜定，循例恳恩，以光秋礼事。据本县原任巡抚浙江等处地方提督军务兵部左侍郎兼都察院右副都御史加一级田逢吉呈前事，呈称吉父已□诰封通奉大夫内国史院学士加一级田驭远，前经阖邑士民公举请入乡贤，蒙学台行本州□儒学查覆批准，以礼送祠。第历来旧例，入乡贤祠者，其家应有奉祀一人。今堂侄田坦，身习儒业□□□照例申请准给衣顶等情，其□□查事儒学政，申请伏祈照详施行。

本年十二月十三日蒙提督通省学政山西等处提刑按察使司金事加三级刘批
田坦准充奉祀　　缴

17. 圣旨[1]

奉天诰命

一级锡之诰命。

于戏！教诲尔子，永勿忝于家声；聿修厥德，尚无负于国恩。钦承宠命，益励嘉猷。

制曰：恩彰锡类，母道攸同；孝取崇先，子情无异。用申巽命，以表前徽。

尔内国史院学士加一级田逢吉前母赵氏，勤以相夫，伉俪虽乖，于中道殁，而有子显扬，无间于所生，并昭顾复之恩，宜沛褒荣之典。兹以覃恩赠尔为夫人。于戏！九原如在，永垂彤史之光大，费用颁式，作玄扃之贲。钦予宠命，慰尔幽贞。

制曰：国体劳臣，必溯源而沛泽；家崇喆胤，爰归善于厥生。盛典维新，壸仪愈著。尔内国史院学士加一级田逢吉母冯氏，帏范克端，胎教居身教之先；慈训惟勤，能爱在能劳之后。宜沛貤封用昭母德。兹以覃恩赠尔为夫人。

于戏！子情罔极，感顾复而敦教；国纶普被，念劬劳以疏荣。嘉乃恩勤，颁兹宠贲。

康熙六年十一月二十六日

---

1 现存山西晋城市博物馆。此圣旨颁布于清康熙六年（1667年），诰封田逢吉前母赵氏，母冯氏。

附录3 《王氏家谱》选录[1]

1. 序

尝思谱之立也，所以广孝思之德，联骨肉之情。□□源本木之思，起尊祖敬宗之义。或族间有贤有否，书之以著劝诫。或历代有贵有贱，传之以昭激励。此皆立谱之雅意也。余今序谱，岂敢仿贤哲之为？不过录其所闻，令后昆知。先人孰昭孰穆，某讳某字，尊卑不失其次序，名讳不至于重犯，以是承先启后焉耳！

余幼年家道淡薄，□□□□□□，由原村徙居良户□□晚知暇。父尝面命曰，吾王氏系冯村里十甲城山人也！余尔时亦仅俯而听之，久未问及前代之字讳，且缘何而辞故土及本年将葬？父于魏家湾之新茔，欲树碑以溯源始。爰就堂叔父存玉公，究其由来。叔父曰，余尝闻余祖一恩公曰，吾城山王氏，系东西二支。有山公属兄为西支，有才公属弟为东支。有山公丁多财厚，屡陵有才公。有才公年甫七岁，寡母田氏恐绝东支一脉，于崇祯六年，携公潜居良户母家。后公及壮，迁居西沟村。至于二公或同胞、或从与再从，亦未言及，此闻吾祖一恩公之言也。迄今百有余年，与城山西支绝无往来。□□□□，清明祭扫，余诣城山之祖茔，究未知其塚属何祖，其名讳亦无可巧。余聆禁潸然泪下，曰倘非田氏之祖母苦志而潜逃与有才祖德盛而积厚，余等安有今日哉？

故今日序次，不得不自有才公始。于是刻碑志于新茔，存谱藏于家庭。俾后世子孙尊卑了然，字讳罔复，则余之志愿毕矣！是为序。

2. 辞城山记[2]

堂叔父存玉公尝语余曰，有才公年幼母寡，因有山公陵逼而居西沟村。厥后年壮，遵母遗训，往寻城山遗产。有山公言伊系户头差粮，伊应率子一朝公。孙建公持挺屡逐，卒不还其遗产。不得已，于康熙六年，央人说合，将城山祖遗东高楼二间、西牛屋三间、粪池二所、坑厕二所、晋家沟地十五叚、指立背田十余亩、峰儿背山厂尽归并有山公，而钱粮丁差永不与东支。有才公相干缘此遂无旧粮丁差，以贻子孙云而。

大清乾隆五十六年岁次辛亥孟冬望日玄孙如川氏增序

---

[1] 良户古村《王氏家谱》，由五世孙王增，初修于清乾隆五十六年（1791年）。王增，字如川，生于乾隆四年（1739年），卒于嘉庆二十一年（1816年）。敕封儒林郎。笔者校注。

[2] 城山村位于良户村西北5公里处，现名陈山，属原村乡。因林带重重，宛如城墙，故名"城山"。据谱序可知，良户村王氏初居城山村，于明崇祯六年（1633年）寄居良户。笔者校注。

3. 重序[1]

　　盖谱者，所以谱一族之人之本末也。不宁惟是，亦以谱族中之有德者，表而章之，永为传之，使后嗣尊之效之，以渐臻于美盛也。余王氏祖居城山，自吾父如川公始立谱以叙，其余木本水源、承先启后之义夫，亦大费婆心矣。第其中，图未详刊，支未细分。因尝命余曰："吾老矣，龙钟潦倒，弗克多劳，尔其继之，以终其事"。余对曰："敬如命"。第以质陋材疏，学浅识微，每欲继其志而未能。及丁卯冬，吾生父寿登古稀，亲友制锦伸贺。余因还里，以督其事。吾生父素性质朴，不尚繁华。虽屡请行，终不见儿，余之心卒自歉然，因想奉命修谱，亦继述之一端也！遂依我恩师夔臣焦公之谱，而列为图。自始祖有才公后，而条分缕析，以成我生父未成之事，遂我生父未遂之志。而穷流溯源之义，或亦可展卷而了然矣。
　　我恩师泫西巨族，诗礼传家。其谱序，有训来裔，父慈子孝，兄良弟弟，夫义妇听，长慧幼顺，君仁臣忠之十事。余则何敢云然，惟以吾生父之孝我祖，友我父之大端。略陈梗概，以示后人，使时为效焉可乎。吾祖昔日贸易山东，至老而归。敬以持之，恭以待人，不作一毫人世炎凉态，兴居寝食。吾生父时不离侧，而且下气怡色，以奉养之，及乾隆己酉仲夏祖辞世。余时已十有一，睹吾生父，哀尽其诚，丧尽其礼。一切衣衾丧具之物，毫无遗恨。既而葬于新茔，修屏丰，筑花墙，殊非圹野之寂寞。四时八节无不洁诚以祭，可谓事以礼、葬以礼、祭以礼矣。而犹不止于此，嘉庆乙丑岁，为余兄[2]捐授国学生，又为余捐授理问职衔，请旨敕赠吾祖为儒林郎。非所谓光于前而裕于后乎，然要非薄于余兄而后于余身，正所以厚我之父讳堂公也。吾父未多历年而亡，吾生父即以余继承之，是无一时而忘其弟者可知矣。后辛亥岁冥配李氏，随合葬于祖墓侧。此吾生父之孝我祖、友我父之大略。至于好善乐施，处乡邻以和顺，济贫恤幼，待亲族以惠爱，勤俭治家，义方训子之诸事，殊难一一备述也。
　　余不肖，弗克承先以振家声，不得不有望于后人。而后来者果效吾生父之孝，于亲友、于弟敦伦睦族，即吾师所训之十事也，是则吾生父之志也，夫余之所厚望也。夫谱既就，因志于端如此云！
　　　　　　　　　　　　大清嘉庆十二年岁次丁卯黄钟月望五日六世孙洁泉履吉谨识

4. 敕封之一[3]

　　奉天承运，皇帝制曰：
　　考绩报循良之最，用奖臣劳，推恩溯绩累之遗，载扬祖泽。尔王天禄，乃捐职布政司理问王履吉之祖父。锡光有庆，树德劳滋。嗣清白之芳声，泽留再世，行弓裘之令绪，祜笃一堂。兹以尔孙遵例急公，貤赠尔为儒林郎，锡之敕命。
　　于戏！聿修念祖，膺茂典而益励新猷；有谷贻孙，发幽光而丕彰潜德。
　　制曰：册府酬庸，聿著□□之悬绩；德门辑庆，式昭大母之芳徽。尔范氏乃捐职布政司理问王履吉之祖母，箴诚扬芬，珩璜表德，职勤内助，宜家人著其贤声，泽裕后昆，锡类式承乎嘉命。兹以

1　《王氏家谱》重序完成于清嘉庆十二年（1807年），作者为王家六世孙王履吉。王履吉，字朝干，号洁泉，生于乾隆四十二年（1777年），卒于道光六年（1826年）。太学生，嘉庆年间布政司理问。笔者校注。
2　这里指王履祥，字和庵，武庠生，清嘉庆乙丑年（1805年），被捐授国学生。笔者校注。
3　此诏颁于嘉庆十年（1805年），因孙王履吉绩政，敕封王天禄为儒林郎。王天禄，字尔俸，经商起家，是良户村王氏四世祖，生于清康熙丁酉年（1717年），卒于乾隆五十四年（1789年）。笔者校注。

尔孙遵例急公，貤赠尔为安人。

　　于戏！播微音于彤管，壶范弥光；膺异数于紫泥，天庥九劭。

敕命嘉庆十年十二月十三日之宝

5. 敕封之二[1]

　　奉天承运，皇帝制曰：
　　资父事君，臣子笃匪躬之谊，作忠以孝国家宏锡类之恩。尔王增乃捐职布政司理问王履吉之父，善积于身，祥开厥后。教子著义方之训；传家裕堂构之遗。兹以尔子遵例急公，封尔为儒林郎，锡之勅命。
　　于戏！殊荣必逮于所亲，宠命用光夫有子。尚宏祐启益励忱恂。
　　制曰：锡类扬庥，恩不殊于中外；循陔追慕，情无间于后先。
　　尔李氏乃捐职布政司理问王履吉之前母。家风肃穆，内则娴明。瑀珮犹存，睹芳型之未远，栢棬如故，欣庆典之芳膺。兹以尔子遵例急公，赠尔为安人。
　　于戏！史有闻，欲报寸心于宿草，彝章丕，焕用宣厚泽新纶。
　　制曰：奉职在公，嘉教劳之有自，推恩将母，宜锡典之攸隆。尔宁氏乃捐职布政司理问王履吉之前母，壶范宜家，凤协承筐之媺；母仪诒谷，载昭画荻之芳。兹以尔子遵例急公，封尔为安人。
　　于戏！彰淑德于不瑕，式荣象服，膺宠命之有赫，益贲微音。

敕命嘉庆十年十二月十三日之宝

---

1 此诏颁于嘉庆十年（1805年），因子王履吉绩政，敕封王增为儒林郎。笔者校注。

附录4 《田氏家谱》选录[1]

1. 序

　　田氏前后门之所自分，已无谱可考。今据柔我公墓表云父可耘，可耘无子，公其再从可乐之季子。夫可耘与可乐为再从兄弟，则可知。又据沛苍公行状云曾王考理疆公，宽平正直，时称长者，而艰于立嗣，取同高祖兄豫庵公讳可乐之季子抚为后焉。夫既同高祖，则同出于友□无□也。持前门之祖偶失其名耳？阙之，以俟查考也！

甲申仲冬上浣十二世孙暮亭孝至谨识
戊寅仲夏上浣十四世孙藏珍奇峰后序
癸丑季春下浣十五世孙克敏耘畔再序

2. 明处士大梁田公墓表[2]

　　　　赐进士第承德郎尚宝司司丞　　年家生春吾郭东[3]撰
　　　　赐进士第承德郎吏部验封司主事　年家生岩庵白所知[4]书
　　　　赐进士第文林郎知陕西洛川县事　年家生可庭冯养志[5]篆

　　敦本睦族，古道也。惟世远潢分，不可系考缀之，使懿亲相目若路，此安得尽忿于宗属贤者之过耳？何载？蘤庇本根，左史于喆嗣，称曰亢宗。衣服冠冕，水木本源，倦倦喻其责有处矣？

　　古昔人达观者如眉山苏式、蓝田吕氏，各冠谱牒，实羽翼左氏，其裨益世道不浅。属者人心去古日不远，庞俗浸漓，裂冠毁冕，拔本塞源者鳞次区宇，择一崇古道。饬宗盟，不猎誉，不弛亲者，谁欤？

　　近同邑田氏，厌靡风不振，将慕古敦睦。敛尊卑，明统系，勒铭佳城，珊蠋斧屋。发潜德于幽遐，彰宗胄于奕世。姓氏著而祖功垂，昭穆正而绍述远。从高祖上亲尽祧者，隐显未悉，略之所以尊之也！自曾祖下，考略维详，载之所以亲之也。尊亲备而足以揖苏吕，式左史矣！阅状据可久曾祖讳献，字主敬，号为大梁，世籍通义里良户村。少颖卓业儒，不屑雕虫，辄了大义，以家政易学治

---

1 现存家谱是目前发现的、最完整的良户古村《田氏家谱》，前后修过三次。首次由良户村田氏后四门、十二世孙田孝至修于清乾隆二十九年（1764年）；第二次由后二门、十四世孙田奇峰续修于嘉庆二十三年（1818年）；最后一次由后长门、十五世孙田耘畔再续于咸丰三年（1853年）。笔者校注。
2 此文录自田家三世后门始祖田献的墓表。田献，字主敬，号大梁。墓碑立于明万历十五年（1587年）。笔者校注。
3 郭东，高平人，明嘉靖三十五年丙辰科（1556年）进士，历官太常寺卿。笔者校注。
4 白所知，阳城人，明万历十一年（1583年）癸未科进士，历太子太保工部尚书。笔者校注。
5 冯养志，高平人，明万历十四年（1586年）丙戌科进士，兵部武选郎中，赠光禄寺少卿。笔者校注。

事。操衰殚羸，素封甲比间。乐施济，竟不责偿受符。颂溢乡评，多以昌后赞之。娶张氏，生六子。长信，次宠，次许，次节，次怀，次德。兰俱瑰玮不群，宏衍家庆骎骎就盛。孙男六人，曰仕，曰杰。信出，曰仿；宠出，抱隽才。游黉序，晚祈巾珮，明农家食。以诸子英发，直指马公题请授齿秩，鸾诰驰封，趾足可待。曰价，曰亦宠出。曰佐，许出。曰伋，节出。金能修本业，务雍乐，好礼尚节，绰有祖风。曾孙九人，曰可久，可贡，可助，皆仿子，庠生。可大，可彻，皆仕子。可赋，杰之子。可井，佐之子。可耘，伋之子。可耕，价之子。久，壬午荐于乡贡。助，蜚声棘苑。时以河东三凤拟之。元孙今亦八人矣。可久生驭爵，驭贵。可大生驭民，驭禄。可助生驭众。可赋生驭公，驭侯，驭伯。率皆岐嶷麟趾。

于戏！德耀重辉，人文继炳，且太和未散，雍然孝友，冏间町畦，非大梁公之醇行，胡以流光若此。不佞宜属通家，因略谂任白，特记往事耳。至如褒崇厘命，自有珥笔者在，姑末逮焉！

万历十五年春二月吉日立
玉工张人同刊

3. 大明封君南峰先生田公墓表[1]

赐进士第通议大夫太常寺卿前西京光禄太仆顺天尚宝司丞　年家眷生春吾郭东撰
赐进士第中宪大夫都察院右佥都御史奉　敕提督操江兼营巡江前大理寺左少卿工科都给事中侍经筵翰林院庶吉士　通家侍生元冲张养蒙[2]书
赐进士第承德郎吏部文选清吏司主事　年家晚生可庭冯养志篆

距邑之西一舍许，曰通义南里良户村。御屏山左麓，安官品之广源，龍嵷吉霭，四湿端明，则田封公之新阡在焉。公以万历癸巳六月初二日荣谢，距生嘉靖癸巳年十月十六日，得年六十又一。

诸子姓筵，是年闰十一月二十二日。襄事兹域，尊公为始迁之祖。先期家嗣泂池鹤亭君，仲春元云亭君来谒宇予，涕歔歔然沱也！已而曰，先君子绩文种学，久困青衿黄卷间，荐绅固惜其未尽用也。比禄养方殷，隙驷迅骤，荐绅则又惜其未竟享也。

呜呼，恸哉！敢就子图所为不朽事。愚久稔公素履，且辱世讲之雅，谊不能辞，谨按状而诠次之。公讳仿，字时习，生平检身循理。若倚南山而坐平原也者，因自号曰南峰云。高祖春，生友，友生献，献生宠。为公考，俱有隐德。妣张氏。

公甫十三龄失怙，易戚逾成人。幼颖异，迈夷等，尝从封夕即苏公受麟经，尽得其旨趣。既而思友海内俊彦，迤涉江河，游白下，得蒙城戴桂岩诸名士，相为磨砺。由是学日益进，计归而青紫可芥拾，获显扬以隆北堂之奉。及应省试，屡报罢。公慷慨欢曰："大丈夫当承先启后，何至兀兀穷年，君陈之政，独不可施于家乎"？

遂竭力孝母，尽养尽享。咸恔于心，友爱弟季，赈恤姻间。如为弟价实宠繁胤、母舅张自纪，姐丈张儒姻家陈宜，俱赖其济生助葬，且慎饬于言行。然诺无寝，取予弗一介，苟望乎一乡。凡抱不平者，公为晓譬曲折，各得意，退无后言。贫有负贷者，不责其必偿。静则焚香燕息，动而督子课

---

[1] 此文录自田家五世后二门田仿的墓表，墓碑立于明万历二十一年（1593年）。田仿为田宠之子、田献之孙，字时习，号南峰，生于明嘉靖癸巳年（1533年），卒于明万历癸巳年（1593年）。田仿有三子，田可贡、田可久、田可助，以子为贵，两次敕封文林郎。笔者校注。
[2] 张养蒙，泽州人，明万历五年（1577年）丁丑科进士，官户部右侍郎，赠户部尚书。笔者校注。

孙。壬午、戊子，伯仲叠荐贤书，季子亦蜚声棘院。是公以璞贻子，子为球琰璠玙，上成功名，岂非积厚流长，光昭其隐德者乎？按台连成马公，重公义方之训，荣锡冠裳，公拜其赐，亦不时时服，幅巾白恰以为常。

邑侯荆溪杨公，请宾蜡，席一赴不再往，其恬淡类如此。洒池君具安轩迎至邸舍，公余即祖钩上食，朝夕定省。公见洒池政誉骎显，喜曰："今与民休戚相关，尔能守己爱民，下谿上悦如此，吾何虑哉"？遂促驾还里。其庭训之严，辨析义利又如此。尝括公之履历，其遐观远览，有太史公恢廓之襟，睦族周茕，有范苏州麦舟之义，不责偿负，有田薛公焚券之风，隐德食报，有王三槐昌后之祥。殆谷之幽兰，岭之亭菊者乎！

配薛孺人，处士贤之女，冲惠俭勤，克相□迪，福寿未艾。三丈夫子，伯可久，即洒池君，娶崔氏守恩女。仲可贡，戊子举人，娶陈氏凤朝女，继李氏，志学女，副毕氏，用焊女。季可助，庠生，娶赵氏，缙女。三女，五孙，二孙女，一曾孙。各归娶名家，详载志中。呜呼！公以孝廉之行，英伟之蕴，虽闭于身，而大显于嗣。论造家之功，则创矣。假令究厥施，臻上寿，其建树荣享，可胜道哉！虽然公者贤庞德，敛福弗耀，兹其哲嗣，名位日渐隆起。将纶恩荐 ，墓颜且日拓矣。

吾姑以表其遂公之所未尽属为公之子若孙者！

万历二十一年岁次癸巳闰十一月二十二日立

4. 皇清诰封通奉大夫内国史院学士加一级柔我田公元配赵氏夫人继配夫人冯氏合葬墓表[1]

赐进士状元及第通奉大夫监修明史都察院左都御史加一级前内阁学士兼礼部侍郎　经筵日讲官记注

起居翰林院掌院学士教习癸丑丙辰两科庶吉士纂修孝经衍义总裁纂修

太宗实录副总裁国子监祭酒内秘书院侍读己酉郏西乡试正主考掌理　诰勒内弘文院修撰

昆山年侄徐元文顿首拜撰

有清诰封通奉大夫内国史院学士加一级柔我田公，以康熙戊午季冬二十三日，终于高平通义里之私第。越二年，庚申孟冬二十七日，夫人冯氏，相从地下。其孤中丞儃然在疚，靡所甚哀，将于辛酉四月二日，同前夫人赵氏，合葬于交河宰家坛之新阡。具状嘱予表其墓石，盖以予谬承二十史后，总纂修之事，或不以斯民之是非为是非，可以传信于天下后世焉。

公讳驭远，字柔我，世籍高平。高祖献，曾祖节，祖伋，父可耘。可耘无子，公其再从兄可乐之季子。为之后者，自上世积庆，日渐祥发，神明所府，道德为枢。予闻之，荀叔以盛德及子，陈实以素风及孙。公既以仁义施其家，故馨香之发，敷闻自久，公秉至性，善属文，补博士弟子员，试辄高等，已郊省闱，梦其卷书诰封二字，知有数存其间也。遂一以奉亲教子为事，父尝寝疾，医祷诚至，感神授指获愈。明末流寇转掠高平，乡人御之被陷。或呼公出走，公曰，如父子不相保何，急归。罄所有求释，寇竟未足，以刀眂赠公，公延颈请代，寇义之舍去。赠公弟守疆，别居久，公因其生业渐削，复取资产分给之，庐舍井亩，宁受窳薄，本生父母蚤世，仲子种玉登乙酉贤书，未及襄事而没，公悉力举两世丧，扶植从子，育海成人，分宅立业。族有恶辈，觊公之产，谋不利于公，公贵

---

[1] 此文录自田家七世、后四门田驭远的墓表，墓碑立于清康熙二十年（1681年）。田驭远本为六世、前长门田可乐之季子，后过继给六世、后四门田可耘。田驭远，字柔我，生于明万历丙午年（1606年），卒于清康熙戊午年（1678年），廪生，以子田逢吉贵，入乡贤祠，诰封通奉大夫，内国史院学士。笔者校注。

尽释旧怨，且予以德。中丞为文立行，悉公朝夕提命，自童子试，即以夤源躁进为戒。尝谓吾家积德累代，务培勿削，其家法之善，为远近所推。及中丞公大魁台台，联隽南宫，由馆选至学士，屡以罩恩封如其官。赏赉马游京邸，受义方于床下，迁佐司农，特命赈恤淮阳，公驰书慰勉，得善所事。节钺两浙，公版舆就养，唯以瘁报称为期。越罗吴绮，不袭于礼。湖山如画，不寓于目。比归，行李肃然，与来时靡异。丁巳，年及古稀，朋咸请为上寿。公言世事未宁，岂臣子权宴之日？弗许。公外刚内直，疏达方廉；不畏可畏，不疑可疑。充一物不害之，行明且可质之事，修筑多其义举，行不靳良言。用冲退径尽之志，以律躬持家，故于物无求焉。用宽仁公普之道，以笃亲济众，故众不忘焉。善气潜畅，清风高翔。行同归于大雅，身不离于令名。易箦之夕，大怖将至，和入三昧，嗒焉顺化。予详考史法，公之事状，合于史传者数端。其引颈待刃，则潘综之至性也。其让产字孤，则薛□之懿行也。其严立家范，不以名位先人，则万石君之遗则也。其申诫官箴，不以尸素负国，则吕正献之良规也。其敦仁本义，雅量高节，生也人仰之，没也人怀之，则河汾颖川之徽风也。岂不照映千秋，穆然弘远也哉！

生于故明万历丙午五月二十九日，得年七十有三。前夫人赵氏，早年即世。继夫人冯氏，华宗淑问，光著闺门，克孝克仁，克勤克俭，辅佐君子黔子之室也。抚导先嗣，陶氏之母也。虽被鱼轩象服之荣，不改鸡鸣昧旦之素。古之先明，未始兼有。生于故名万历庚戌八月十四日，得年七十有一。

于戏！公与夫人可传也，予之传公与夫人信也，天下后世，庶其知予于有道之碑，无愧辞焉，其他列于幽堂之石。

大清康熙二十年四月初二日
集唐石刻十三经序
不孝男逢吉率孙昶晓曾孙长文次何同立[1]

5. 皇清诰封通奉大夫内国史院学士加一级柔我田公暨元配夫人赵氏继配夫人冯氏合葬墓志铭[2]

赐进士出身光禄大夫太子太傅户部尚书保和殿大学士加三级奉勅总裁实录　圣训前太子太保工部尚书东阁内弘文院大学士翰林秘书院学士加二级经筵日讲官　圣训顺治大训通鉴全书副总裁管理诰勅戊戌甲辰丙辰会试主考教习庶吉士丁亥会试同考国史院侍讲学士春坊中允兼编修检讨国史院庶吉士　高阳李霨[3]顿首拜撰

赐进士出身光禄大夫太子太傅保和殿大学士兼礼部尚书加一级奉勅纂修实录总裁　戊子山西主考甲辰丁未武会试大主考庚戌文会试大主考前太子太保内秘书院大学士吏部尚书　都察院左都御史左副都御使提督四译馆太常寺少卿兵科给事中吏工二科左右给事中　内翰林国史院庶吉士　柏乡魏裔介[4]顿首拜篆

---

1 田昶、田晓为田逢吉子。田长文、田次何为田逢吉孙。田长文，字近廷，田昶长子，田氏后四门十世孙，清康熙五十一年（1712年）进士，曾任浙江宁波府镇海县知县。田次何，字宓廷，田昶次子，田氏后四门十世孙，康熙五十三年（1714年）举人，选授江南直隶通州同知，补授山西潞安府长治县儒学教谕。笔者校注。
2 此文录自田驭远与夫人赵氏、冯氏的合葬墓志铭，墓碑立于康熙二十年（1681年）。笔者校注。
3 李霨（1625—1684年），字景霱，直隶高阳人。清顺治四年（1647年）进士。任保和殿大学士加户部尚书，太子太傅、太子太师等职。笔者校注。
4 魏裔介（1616—1686年），字石生，河北柏乡县西路村人，顺治三年（1646年）进士，顺治、康熙两朝重臣。笔者校注。

赐进士出身通奉大夫吏部右侍郎兼翰林院学士加二级　经筵讲官前礼部右侍郎内阁学士纂修实录副总裁侍读学士　克日讲官起居注秘书院侍读河南乡试正主考国子监司业国史院编修翰林院庶吉士吴兴杜臻[1]顿首拜书

予以乙未，受命教习庶常，知沛苍及沛苍之家世已久，逾二十余载。致身九列，堂上斑辉，朝章频锡，殆生人至幸，天不假易焉者，衔训甚严，文艺之外，以敦实行为重。尝谓祖宗累世植德，当培之益崇，勿削之使薄。宁苦于己，勿苛于人，宁少于财，勿吝于德。非大事不令在家，非大礼不令见客。时尚夤缘，公深以为戒，自童子试，不少假借，恐以一日之幸，堕终身之志也。比沛苍通籍历翰林学士，佐司农，公益以清白相砥。每至都门进一衣，必贻书戒之。所居距邑一舍，经年不入城市，竿牍不至公门，人亦忘之，若不知为巨室也。淮扬水，沛苍持节出赈，公驰苍头嘱之，谓朝廷以数十万生命付若，勿辞劳，勿任意，勿为吏胥隐欺。既事，闻河堧无复行乞者，甚悦。版舆从养，浙署，简朴从约，服御，足迹不至西湖。武陵人惊叹，以为前此所未有。公伟于洪声，举止端肃，居常无怵迫，临事有风节，人望之如断山绝巘，不可以曲径通也。而峻而能容，介而能和，不忮不狡，积为至德。微时族有谋夺公产，而龃龉公者，公不为折，厌后天道，既移，不修旧怨。而且恤而周之，人推长者。咸友有过，动色相规，而坦易不立岸异。缓急必应，久要不忘，居恒与子言子，与弟言弟。又好引古今与败得失之故，福善祸淫之理。委曲诙人从善，以是远近之人畏其难犯，乐其易与也。日用蔬肉，咸有限制，恒以惜物力，存有余为念，戒杀生，虽大燕享，惟脯腊而已。所守先畴二百亩，无所增益，无园囿之侈，无舆马之饰，无瑰奇古玩之蓄藏，臧获数人，皆愚朴无能，更严饬不听多事。尝曰，缙绅之家，尽由若辈市怨，吾安静寡营，须黠者何为，此虽不能治事，亦不能坏吾事也。其俭德类如斯，然而事所当举，则乐为之先；人有可矜，则施而不厌。如创寨建峰、修葺祠宇之类，不可殚纪。戚窭之馈遗，饥寒之推解，疾病死丧之给予。岁无虚日，日辨色而与，娓娓不倦。冬不炉，夏不扇，年七秩，康健任事，即少壮人谢弗能及。启手足之日，莫不惊怆憯怛，向风凄歔焉！

于戏！公考友天至，礼乐浑成，纯白不耀。内安其仁，明略通方，外多其义，垂芳著庆。贻裕后昆，尤好德，考终命，其蹈履之全乎！配赵氏，处士亮名女，懿淑有闻，先春早落，累赠夫人。继配冯氏，明丙戌进士吏部文选司郎中养志子茂才景明女，世为高平右族。十六而归，贤达知礼，有辅佐君子之德。洗涮盥馈，将送无违，事父母之孝闻焉！爱而能劳，不事姑息。勖以必清必慎之箴，申以知足知止之诫，教子之义闻焉！夙兴夜寐，操作忘倦，瀚布脱粟，门内清整，治家之勤俭闻焉！体恤勤苦，周思困乏，三堂被其惠，六姻饮其德，其宽仁内外，抑又闻焉！由孺人宜人晋封夫人。诚可道映兰宫，事悬彤管，彼苍不忱，殁我眉寿。生于明万历三十八年庚戌八月十四日，卒于大清康熙十九年庚申十月二十七日，得年七十有一。生子逢吉，即沛苍，乙未进士，由翰林院庶吉士，历升内国史院学士、户部左右侍郎、巡抚浙江等处、地方提督军务兵部左侍郎、兼都察院右副都御使加一级。娶庚子举人冯鼎枢女，封夫人，女二，一适泽州明万历甲辰进士陕西布政使司右布政张光缙子，直隶河间府督河通判肇昌。一适庠生郭应熊子，武生允恭。孙男二，昶，萌生，候补七品京职，娶辛生王懋修女，继娶庠生赵曦女。晓，庠廪生，娶丙戌进士，浙江按察司副使，分巡台州道张汧女。继聘明，己卯举人，姬显庭子鼎燕女。孙女五。一适廪生裴枢玘子尚贤。一适壬子举人王奕驹子，象震。余未字。曾孙男二。一长文；一次何。曾孙女一，俱昶出。先是公自择地于交河之宰家坛，嗣子

1　杜臻(1633—1703年)，字肇余，浙江秀水（今浙江嘉兴）人，顺治十五年（1658年）进士。历任康熙年间工部尚书、刑部尚书、兵部尚书、礼部尚书。笔者校注。

逢吉，衔恤襄事，以康熙二十年四月朔日，号护轻辒车，奉安阡室，二夫人袝焉，礼也！

爵不文，用录其实，纳诸圹中，以播示来兹。庶几陵谷迁而德音不磨云，昊系以铭，余为大象，沄沄濛濛，畴则罔终，于惟令德，大雅渢渢，天地攸同，显允君子，肆外闲中，其道昭融，抑抑夫人，纯淑所钟，余庆是蘩，如裘而冶，似箕而弓，门闾廼崇，北门清要，建牙江东，维义方功，千年华表，十里长松，瘗玉从瑢，勒辞金石，永识清风，棘人充充。

大清康熙二十年岁次辛酉四月初二日
不孝男逢吉率孙昶 晓曾孙长文 次何仝泣血立石
碑亭联：几行山色随时好，十里松风入梦清　集苏东坡书
碑楼联：国恩崇重屏山迥，世德绵长带水圆　额五云多处

6.皇清勅授承德即山东莱州府胶州同知锦波田公暨元配孺人袁氏合葬墓志铭[1]

赐进士出身文林郎候补知县族侄光复[2]顿首拜撰
儒学廪膳生员族孙树纪顿首拜书

岁辛巳，余将谒选都门，族弟逢晨，持叔父胶州参军公行状诣予。曰先大人卒于官十五年矣，曩时以弱龄扶榇殡于家，未克营葬事，今将安厝于新阡焉，愿借一言以垂不朽。余谢不敏，虽然余与参军公往还久，公之雄才大志，足以光于家而华于国，昭昭在人耳目间，而顾可以久而不传耶。惟是墓门一片石，岿然千古者，余曷能已于言哉！

公讳安世，字中柱，锦波其号也。世藉高平通义里，曾祖节，祖伋。积功累仁，代有隐德。父可立，号守疆。与余少司农兄之祖，为胞兄弟。充茂才，敦善行，令人诵说不衰。丈夫子三，长驭栋，早逝，季觉世，庠生。公其仲也，公生仅三日，丁流寇之变，太孺人郭氏，以贞烈见背，公在襁褓，赖守疆公曲为护持得保全。当垂髫时，即有超然特拔之志。稍长，补博士弟子员，恪守父训，好读书，究心举子业，数年终不获志，于科名以太学生考授参军。非公之初志也，自是一意以治家为己任。凡所区画，成败利钝，不失铢黍，田产资财，较前人廓大焉。语云，若作室家，既勤垣墉，维其涂墍茨，公可谓保家之令子矣。当未为参军时，守疆公已逝，继母何太孺人尚康壮，左右就养，务得其欢心而后已。抚爱幼弟，一食一衣，无不曲体而调护之。延师训诲，日望其有成，及妹之及笄也妆奁厚而有礼，簪绅环玉，无烦何太孺人经营之劳。至于居乡也，不吐刚而茹柔；交友也，不党同而伐异。赡族如父兄子弟然，教子如师傅然，视奴仆如不忍其为奴仆然。悯人之困绝饥寒，如己之有困绝饥寒然，孰非此保家之道，所推而准之也哉！

丙寅岁，同知胶州。莅任之初，辄慨然自矢曰，吾受天子命，参佐海隅，惟是以修于家者，以抚绥斯民，必不妄取一物，妄刑一人。夫能以此心而祗躬，方能以此心而服物，皎然而冰雪耶，是生平之廉也，温然而煦育耶，是生平之仁也。安在不可以建功立业，以祚祯于王国乎，无何视事未阅月，而竟以疾殁于胶之官署，究不能大展其壮年之所欲为，而赍志以终老，惜哉。

公生于明崇祯五年壬申七月二十日申时，卒于清康熙二十五年丙寅八月初五日寅时，享年五十

---

[1] 此文录自田家七世、后四门田安世的墓表，墓碑立于清康熙四十年（1701年）。田安世，田可立之子，田逢晨之父，字中柱，号锦波，生于明崇祯五年（1632年），卒于清康熙二十五年（1686年），监生，授山东莱州府胶州同知。笔者校注。

[2] 田光复，字幼乾，良户村田氏后二门、八世孙，田驭相之子，康熙三十六年（1697年）进士，授山东兖州府邹县知县，补授四川直隶邛州浦江县知县，曾任巡按山西督理河东盐课都察院监察御史。笔者校注。

有五。元配袁孺人，庠士袁公士璜女。赋性端凝，持躬静慎。事舅姑，相夫训子，克尽妇道，而闺范为人所推重。先公而殁，生于明崇祯六年癸酉十二月二十八日亥时，辛于清康熙三年甲辰六月二十七日酉时，享年三十有二。继配苗孺人，辛丑贡士嘉卉苗公女。茹檗饮冰，子孙森列膝下，以乐余年。子逢晨，庠士，补太学生，娶四川安县知县苗公士寅孙女，候选州同知苗公绳之女。袁孺人出，孙四，长昭，聘祀生张公梅孙女，庚午科举人张公辉女。次暹聘庠生陈公昌祚孙女，处士陈公谅女。次曙，聘庠生牛公国兆孙女，太学生牛公倓女。次映幼孙女一，幼未字。

兹协卜于康熙四十年九月十八日，窆公于书房上之新阡，袁孺人祔焉是为志。爰系以铭曰，峻崿兮南山青青，森溁兮河水泠泠，埋玉树兮哲人典型，瘗金蚕兮淑质幽宁，松之蓊兮兰之馨，永妥乎胶西之神灵。

大清康熙四十年岁次辛巳九月十八日
不孝男逢晨率孙映　暹　昭　曙仝泣血勒石
碑亭联：龙蟠云映千峰秀，虎啸风回万泽长

7.清故太学生方升田公墓志铭[1]

余自通籍教习京师，以及谒选需次绾半绶，作吏海滨。凡族中长老，不获追随杖履之后，以时亲其色笑者，公八年于兹矣。然于其言坊行表，足为世法者，未尝不时时心仪而佩服之。乃岁不五稔，既失我叔祖幼乾公，而今又复失我叔祖方升公也。老成之沦谢，抑亦后生之不幸矣。

田氏自大梁公为望族，三传而及余高祖。公之祖守疆公，则余高祖之同胞弟也。故两家视诸族人，谊倍切，情倍厚。守疆公殁，余祖中丞公志墓，亟称其仁厚信实，习静葆和，得为善之乐，当于古人求之，余也晚不及见也。及见曾祖，胶东参军锦波公，其持身善世，敦伦济物之美，虽彰彰在人耳目间，然余尚幼，亦识之而未得其详也。惟余叔祖往来祇承之日，最亲且久，熟习其生平行谊，何其与守疆公，不谋而同，前后如出一辙也。谓非家庭间一脉相传，耳濡目染，习与性成者乎。益信家业浸昌，子孙林立，皆累世培植之厚，积善余庆，非一朝一夕之故也。

公讳逢晨，方升其字也。生而伟干丰颐，富髭髯，性坦直，有所感发冲口而出，不为吞吐嗫嚅态，聪颖内含，醇谨外著。参军公义方甚严，下帷攻苦，弱冠补博士弟子员，游太学，才名奕奕。而公恬淡，无汲汲进取意。方参军公倅胶东，何太孺人在堂，以年高未便迎养，留公家居，代奉甘旨。公体参军公意，委曲承顺，得太孺人欢心。无何参军公以王事卒于官，公哀号匍匐，扶榇旋里，治丧不尚浮华。凡衬于身，附于棺者，必诚必敬，惟恐贻后日悔，嗣是刻自砥砺，孝谨弥笃。奉母苗孺人，以事何太孺人，温凊定省，容婉色愉，内外无间言，一如参军公在时。及两孺人相继弃世，丧葬如礼。伯父我公早殁，无嗣，公事伯母如己母。叔父先民公析箸久，资产渐耗，公谦逊自尽，惟其所欲为，不少龃龉。及殁，事叔母，抚幼弟，生养死葬，皆为轻置。族邻有婚葬事，务曲成其美，邻里知交之困乏，亦量力以相周给。御奴仆，宁宽无严，悯其勤苦，而厚其恩施。教子以诚悫敦厚为本，耕读之余，不使干预外事，且随其性之所近，而授之业俾各自成立。己亥春，祖茔祭扫，公虑世远族繁，久而易废倡率族中子弟，莫献俊余且树碑详列世次使知一本所自出，而宗派之不容紊也。此尤其敦本睦族，有关伦叙之大者。盖公之生平，智以练而愈明，气以养而愈平。警悟敏决，而遇事常

---

[1] 此文录自田家八世、后四门田逢晨的墓表，墓碑立于清康熙五十八（1719年）。田逢晨，田安世之子，字方升，生于康熙三年（1664年），辛于康熙五十八年（1719年）。廪生，太学生。笔者校注。

怀慎重之思，擘画精详，而见利不忘推让之意。物我无忤，陶然自得。观其谆切戒子曰：我一生所为，忍人所不能忍者多，为人所不敢为者少。于戏，此其承祖德而贻孙谋，可谓思深而虑远矣，讵得于今人中求哉。

公生于康熙三年甲辰三月初六日卯时，卒于康熙五十八年己亥十二月初四日寅时，享年五十有六。配苗孺人，泽郡候选州同知，讳绳之公女，大中丞南赣巡抚，讳焕公孙女。称未亡人，生子五。昭，庠生，娶庚□科举人，蒲州学正，张公辉女。暹，娶处士陈公谅女，继娶庠生郭公元振女。曙，娶太学生牛公侯女，先公卒。映，娶泽郡赵公女。曦公殁之次年卒，冥配泽郡庠生吕公宣女。女一，适泽郡庄头候选兵马司副指挥，赵公光献子，太学生之瑞。孙男四，舜揆聘任公琳女，舜聪幼未聘。昭出，舜钦未聘。暹出，舜裔，聘泽郡候选训导牛公锡祜女。曙出，孙女二。昭出者一，暹出者一，俱幼未字。

兹协卜于十一月二十一日，窆公于书房上，参军公之茔次，从公志也。以余列在诸孙，宦羁数千里外，公之殁也，不获抚柩一恸，以抒其哀。及其葬也，又无由少助抚輀执绋之劳，惟是墓门一片石，所为表前徽以诏来世者。谊不得辞，爱敬志之，而系之以铭，铭曰：千将莫耶，器非不利，终虞其缺且折也。于惟我公，灵颖凤成，超逸乎万夫之杰也，顾廼藏锋敛锷，不岸异以绝物，不刻深狷矫以斗捷也，温温抑抑，培累代之深仁，而绵奕祀之厚泽也。生顺没宁，永固斯藏矣，醇懿之得，餍饫乎人心者，亘千年之如揭也。

赐进士出身文林郎浙江宁波府镇海县知县加一级侄孙长文顿首拜撰文

碑亭联：缋绋白云华表鹤，穹窿翠霭相公山

不孝男映　暹　昭　曙　曦率孙舜裔　舜揆　舜钦　舜聪仝泣血勒石

8. 皇清赐进士出身通奉大夫巡抚浙江等处地方提督军务兵部左侍郎兼都察院副都御史加一级沛苍田先生暨配夫人冯氏合葬墓表

赐进士出身光禄大夫经筵讲官兵部尚书加三级门生吴兴杜臻顿首拜撰文[1]

于戏！此有清中丞沛苍先生，暨配冯夫人之墓也。先生姓田氏，讳逢吉，字凝只，别号沛苍，逮事世祖章皇帝及今上。历官清要，以浙江巡抚致仕，家居二十余年卒。越四年，夫人继卒。其家嗣昶，以状属余表其墓。余惟先生行实，诵法在士林，遗爱在百姓，记载在史官，岂藉余言，为先生不朽。顾予为先生门下士，凤奉典型，谊不可辞，详于墜石者不傋载，谨撮其大概，寿之贞珉，聊以寄仰止之思云尔。

田氏累世皆有隐德，发祥于先生。顺治甲午，大魁三晋，乙未登进士，授庶常，掴其一节，已足立懦廉顽。历举生平，自堪振今传后，天下之才名无敌，选中青钱，渊源之学业有宗。望高金马由编修而内阁学士，历户部左右侍郎，生唐虞之世，自饮身跻夔龙。初分校而会试总裁，克殿试文武读卷，辟薪栖之涂，不谓门多桃李。出赈淮扬，而哀鸿新集。入佐管计，而窃鼠潜行。洎以允文允武之才，特应为翰为屏之寄。时值龌龊务归，兼以总制乏员。繁剧虽丛于一身，轻重布之有余裕。先生

---

1 此文录自田家八世、后四门田逢吉的墓表，墓碑立于清康熙四十四年（1705年）。田逢吉，田馭远之子，字凝只，号沛苍，生于明崇祯二年（1629年），卒于清康熙三十八年（1699年）。清顺治十三年（1656年）进士，在顺治、康熙二朝身居要职，曾任浙江巡抚。良户村田氏在田逢吉时期发展到鼎盛时期。此墓表出自清代重臣杜臻之手，具有较高的历史与文学价值。笔者校注。

山│西│古│村│镇│系│列│丛│书

其靖共尔位者乎，乃茌任未几，而小丑潜滋，羽檄交驰。适君父焦劳之际，遍陆屡警，正臣子报效之秋，尽瘁既已忘身。日久因而致疲，不安尸素，非像元亮田荒，送赋归来，何妨魏其客散，先生其宠辱不惊者乎。至若殊恩异数，荣施洊被于两朝超擢特升，考绩无需乎三载，虽自修不能止谤，风播含沙，而至诚可以格天，云开捧日，先生其一德交孚者乎。而其永怀明发，悒念劬劳，大人惟赤子之心，立身成大夫之孝。以禄养尤以志养，貤赠于赠所不及之人，念亲恩益念。国恩用心于心所比尽之地，迫夫椿萱告变，不觉哀毁逾常，泪尽而洒血几枯，服除而深墨尚在。五里营兆，历尽辛勤，百年含愁，思其嗜欲，则先生之终身孺慕也。展孝思之锡类，冀累页之重光，训家有数条，习孝弟勤俭可矣，遗后无长物，问田庐货殖何为。以故翩翩称佳，踵杨关西之清白。亦复循循有礼，遵万石君之楷模。若夫不纵情于诗酒，不娱志于园池。本一分殊，悟彻朱程理学，流分源合，不遗黄老家言。辞则情深而文明，理惟博观而约取云灯雪案。率至更残，海暑严冬，未尝释卷，则先生之好学不厌也。至其动止有则，微显无欺，一空线芥于胸中，时鼓春风于口角。不悦非道，谁能干以私，自牧惟慊见者忘其为贵，岂必金多疏传，而乡党有求立应。曰：此圣主惠养老臣，无渊田置范家，而亲族之急必赒，谓吾祖宗积德所致，则先生之严以律躬，宽以与众也。若文章，若功名，若性理，平分二十年功夫；为臣忠，为子孝，为父慈，括尽一生来学问。故处也有守，出也有为，抑口无择言，身无择行，此可以观先生之本末矣。綮惟夫人允称贤淑，凤娴女诫，而妇德，而母仪，令问攸彰，初封孺人，而宜人，而夫人。恩荣累锡，御下以惠，有葛藟樛木之风，抚幼以慈，衍麟趾螽斯之庆。采苹不匮，筐筥象服宜于河山，展矣正内风徽，当与君子偕老。

　　于戏！哲人既萎，老成云亡，欲扬厉高风埃沙不足增乔岳之厚。思表章渊德，涓滴无能益沧溟之深。而谊不忘夫学山，志常切于观海，瓣香致慕，久已敬为南丰。片石摘辞，亦期无惭有道。庶几传信还三代之直，流风为百世之师，洵属美不弗胜书，谁云阿其所好。

　　　　　　　　　　　　大清康熙四十四年岁次己酉闰四月初四日
　　　　　　不孝男昶　晓率孙长文　次何　如锡曾孙毓奇仝泣血立石

9. 皇清赐进士出身通奉大夫巡抚浙江等处地方提督军务兵部左侍郎兼都察院右副都史加一级沛苍田公暨配夫人冯氏合葬墓志铭[1]

　　赐进士出身光禄大夫　经筵讲官东阁大学士兼吏部尚书加一级　受业澴川熊赐履顿首拜撰文[2]
　　赐进士出身光禄大夫　经筵讲官户部尚书加三级　门生吉水李振裕顿首拜篆额[3]
　　赐进士出身光禄大夫　经筵讲官吏部左侍郎兼翰林院学士加三级　门生太仓王掞顿首拜书丹[4]

　　戊戌之岁，山右沛苍田夫子，分校礼闱。余为夫子首拔，比谒见，如璞玉浑金，不露圭角。徐聆其言，则慷慨激昂，发掘至性，隐然有古忠臣孝子之风。余谬叨馆职中秘书，时先帝雅重词臣，夫子亦喜崇奖后进。每晤对，辄谆谆诫勉，谓余与若，幸际圣朝，务矢精白图报称，非徒拾青紫，博一

---

[1] 此文录自田家八世、后四门田逢吉的墓志铭，墓碑立于清康熙四十四年（1705年）。笔者校注。
[2] 熊赐履(1635—1709年)，字敬修，湖北孝感人，清顺治十五年（1658年）进士，授吏部尚书、东阁大学士。笔者校注。
[3] 李振裕(1642—1710年)，字维饶，江西吉水人，康熙九年（1670年）进士，由庶吉士历官刑、工、户、礼四部尚书。笔者校注。
[4] 王掞（1644—1728年），字藻儒，江苏太仓人，康熙九年（1670年）进士，授编修，官至文渊阁大学士。笔者校注。

第已也。余唯唯，书绅佩服不少忘。夫余受知于夫子者也，且幸□尔京邸，承教有年，亦自谓知夫子深。夫子登仕二十年，位跻九列，至抚越，逾载而引疾家居。士大夫有以未竟厥施，为夫子惋惜者。余尝以为不然，已卯夏，夫子之讣至，余时在政府，不获诣奠哭，泫然洒涕，叹典型不可作也。越四载，夫人之讣又至，嗣子昶，卜葬有期，持状入都门，请余为坠石之铭。余固自谓知夫子者，谊不可以不文辞。

夫子讳逢吉，字凝只，沛苍其别号也，世藉高平通义里，为望族。自大梁公讳献，历三世，至南浦公讳伋，皆不仕。南浦公有子二焉，长理疆公，讳可耘，次讳可立。理疆公无子，取再从兄豫庵公讳可乐之季子为之后，讳驭远，字柔我，则夫子考也。初为名诸生，元配赵，继冯，实生夫子。两世皆以夫子贵，赠及封俱通奉大夫，内国史院学士加一级。妣具夫人。夫子赋姿颖异，甫成童，文名噪甚，甲午魁曲台，联捷南宫，兼授庶常，海内争诵其文，不啻拱璧，状称其微时特赏于学使某公某公，见器于先达名公某。宜也，非异也。余略置弗道，独所称明季流寇劫财，以刃迫胁理疆公，封公引颈求代。时夫子方五岁，匍匐哀号，若求代封公者，寇感其义而去。夫以韶龀而为昂藏丈夫所不能，是诚异矣。余亦不以异夫子，盖其忠孝根抵天性，岂以少长殊哉，且何以卜夫子他日。夫子在词林，文章书法，冠绝一时，及授编修，官日讲，荷世祖章皇帝宠眷甚隆。超擢几无虚岁，授内弘文院侍读。辛丑，乞假省亲。壬寅，假满入都，值今上初御极，复家眷顾。授内秘书院，侍读学士。丁未，升内国史院学士，纂修实录。时遇覃恩，夫子体厥考意，疏请以已所应受诰命，貤赠本生祖父母如其官。封公悲喜不胜，手书寄夫子曰：余为人后子道未尽，不意皇恩宠渥如斯，汝既以忠为孝，尤当以孝为忠。此可知夫子之忠孝性成，而复得之庭训训。有自来也，夫子官学士时，参批奏疏，便国便民，事难枚举。庚戌会试总裁，得人称盛，是岁升户部右侍郎，充经筵讲官。筦部向多弊窦，夫子精勤莅事，吏不敢欺由是益著贤能声。淮扬水议赈，特简夫子往，夫子与同差副使，及巡抚守道各官，分行踏勘，按丁给米，又特为被灾甚者加赈。河堧无复乞者，事竣犹持节在道。转授户部左侍郎，夫子察知前此饥民乏食，流离在外，地方官吏不敢存留，义民不敢收养，恐干逃人之禁，以为此非好义之念轻。因畏罪之念重，且无乐善之荣，则好义之念亦不坚。既后命，即具疏昌言之，恂极剀切，上以夫子留意民瘼益心识其贤。岁余，遂有巡抚浙江之命。夫子官京师，凡十有九载，所被锡予优奖多异数旷典，至是为迎养计，乞假由里门之官。蒙命旨，嘉允之。及抵任，旧案山积，两阅月，悉迎刃擘解。严禁郡邑之馈送，痛抑满军之骄纵。大计考成，惟矢公矢慎人不能以私干。时有布飞语中夫子，闻于上，以信任深，置不问。会巡视盐政朝公三祝，差满复命，蒙问及抚臣政绩，胡公以谨慎勤劳对。上色怡曰：彼朕亲信臣，岂负朕也？其事夫子初不知，及闻，感激泣下，益日夜淬厉，抒丹以报。

时值总督缺员，鹾务归并。夫子身绾三院印，而布之优游。甲寅，耿逆之乱作，羽檄星驰，奋然曰：此臣子效力之秋也。抚军恤民，心力俱竭。前此巡抚无兵，至是始置两营，兵皆新募。夫子以山陕之人，武健而质实，率多入藉，武弁之设，必素知其人。曰：何可以冲锋对垒之场，为试人才略之地。两营游击，于所辖拔其尤。虽部选者继至，夫子具疏力请，得不易。是时巨憝未平，草窃蜂起严湖嘉与之属，告警踵至。夫子处纷纭倥偬中，神色镇定，而食少事烦，日无暇晷。比什伍，简军器，时躬亲之，故抚标军所向敢前，而猎獠之，以次削平。成功指日可待，竟以积劳致病。不得已谢政归，杭人立碑思之。有以文武之全材，建绥义之弘烈，及睹河洛而思禹功，见甘棠而追召伯之语。

于戏！以忠为孝，以孝为忠，夫子可谓两尽。当年封公手书以寄夫子者，良云不愧。而人猥以未竟厥施，为夫子惋惜者过也。向使夫子节钺东南，在渠魁授首之后，襥惟按部，起凋敝而衽席之，必卓有可观。且不逾年，后蒙超擢。位极公孤，际日月而司斗杓，荣遇信有加矣。及观其精白乃心，

鞠躬尽瘁者，无后逾于此日，余因以是自谓知夫子深也。夫子初退居林下，高堂具庆，其时犹抱沉疴，不废定省。暨居丧，哀毁骨立，面颜指甲，皆成黑色。营兆五里外，日亲往庀事，家人求代之不得。居常念至则恸，忌日必哀，如是者终其身，所谓忠孝根抵天性者益信。夫子所著，有座右手录行世。尝自谓二十年文章，二十年功名，二十年理学。其教家睦族，可砥砺风俗者，详之家乘不胜书。

　　配冯氏，同邑庚子举人，沁州学正讳鼎枢女。温惠宽静，孝事舅姑。方夫子官于朝，家居代养，十余年如一日。生平无疾声厉色，言不瑜阃，与夫子相敬如宾。待衾裯之侍，惟仁惟让，接人以和。物躬以俭，而宾发祭之供必丰，族戚之遗必厚。里闻贫乏，求无不应。初封孺人，继封宜人，晋封夫人，三加锡命，自处无尊倨容，允矣夫子之配也。夫子生于明崇祯二年己巳十二月初四日，卒于康熙己卯三十八年三月二十六日，享年七十有一。夫人生于明崇祯三年庚午四月二十一日，卒于康熙四十二年癸未八月初八日，享年七十有四。子二，昶，恩荫生，娶庠生王懋修女，继娶庠生赵曦女。晓，庠廪生，娶丙戌进士原任湖广巡抚张公汧女，继娶明乙卯举人姬显庭子庠生鼎燕女。女五，一适廪生裴枢玑子尚贤，庶室李出。一适壬子举人王奕驹子象震。一适太学生赵之璧子太学生五典。一适太学生张翔子师说，卒。一适庠生陈均捷子梦庚，卒。庶室郭出，孙男三。长文，庠廪生，娶泽州岁贡生牛锡禹女，继娶泽州丙辰武会元，广东虎门营协镇都司朱三英女。次何，庠增生，娶庠生陈恺女。如锡幼，俱昶出。孙女二。一昶出，早卒冥适庠生郭秉均子圣任。一晓出，字处士陈愫子芬。曾孙男一，毓奇。曾孙女一，俱幼，次何出。将以康熙四十四年闰四月初四日，合葬公与夫人于交河宰家坛封公茔次。

　　铭曰：天地精英之所钟，笃生名贤国士风。佐世勋高勒鼎钟，载歌喜起媿夔龙。帝曰钦哉嘉乃庸，汝作霖雨大江东。至今遗爱流无穷，犹赌河洛颂禹功。以忠为孝孝作忠，公用三复我铭公。黄壤瘗玉古今同，正气浩然还太空。夫人纯淑世所宗，桓孟芳型今属冯。鸾骖鹤驾永相从，不须宰木树新封。千年华表影长松。

大清康熙四十四年乙酉闰四月初四日
不孝男昶　晓孙长文　次何　如锡曾孙毓奇仝泣血勒石

10.皇清赐进士第文林郎四川直隶邛州蒲江县知县加一级纪禄三次幼乾田公墓志铭[1]

　　赐进士出身文林郎浙江宁波府镇海县知县加一级　族孙长文顿首拜撰
　　赐进士出身吏部候选知县　门生聊城蒋亮顿首拜篆
　　甲午科举人　族孙次何顿首拜书
　　蒲江公，文之叔祖也，性至孝，其生平学业之精微，声名之显奕，接物治民之谦和诚恳，皆孝所充积而成。文[2]自有识时，先祖中丞公之所时举以开导激劝者也。先祖少许可，独于公刮目相待。方其为诸生时，尝语人曰，余弟秀而文，谦而不滞，他日之继余起者，必其人也。及文先祖殁，诸孙承父师之训，所尊信而请业请益者惟公。而公之期待文兄弟者，犹先祖之期待公焉。愧文谫劣，不足以副所望也。今公以勤劳死于王事，文方承乏镇海，距数千里不相闻。

　　家信至，惊悼者累日。无何叔父缄状驰书嘱文曰：昊天不吊，夺我先君，惟是性情行谊，汝知

---

[1] 此文录自良户村田氏后二门、八世孙田光复的墓志铭，墓碑立于清康熙五十七年（1718年）。田光复，字幼乾，康熙三十六年（1697年）进士，生于顺治十年（1653年），卒于康熙五十五年（1716年）。笔者校注。
[2] 这里指田氏后四门、十世孙田长文。

之悉，墓门一片石，非汝其孰为我志之，且盖棺论定，惟其实不惟其文也。夫公以至性动人，里巷中妇女称之，而其显亲扬名之彪炳人寰者，又贤士大夫之所钦承而乐道之。疎陋何能表扬万一，顾念仰止之久，而沐饮食教诲之深，情不容已谊不敢不受命焉！

公讳光复，字幼乾，荻圃、草窗，其别号也。世藉高平通义里，自大梁公为望族。四传而至知我公，则公之考也。谦光长厚，事亲孝，令饶阳，有惠爱名。弃时世，公甫十龄，而源清者流洁，本深者末茂。学力之由来，不容诬也。康熙四十二年，恭遇覃恩，勅赠山东兖州府邹县知县。元配唐氏早逝，勅赠孺人。继刘氏无出。李氏生公，勅封太孺人。刘继知我公而殁，太孺人荼苦万状，不能殚述，抚孤爱而能劳，持家严而有礼。他日邹鲁，沐公之化，而推所自始，比之孟母信哉。公生而清标玉立，秀韵天成，髫年居丧，哀戚不休。比长裹考妣葬事，咸折衷于礼，事太孺人，茕茕孑立，相依为命，孺慕之诚，终身如一日，念太孺人望已之切也。奋志气诗书，躬行实践，弱冠采芹。旋食饩，不惟攻举子业。超逸绝伦，不屑蹈常袭故。自科岁两试，以及观风季考，称酋者率为公先屈一指。文行兼优，名重胶庠。乙丑受知于盐台李公，首拔入河东书院中，丰裁学业，倾服三省英流名益噪甚。斯时也，公诸生耳，舌耕以供甘旨。太孺人春秋高，怡然自得，忘其为贫，非以公能卓然自立，顺亲心而养亲志乎。丙子领乡荐，联捷南宫。钦点时，蒙皇上温语顾问，已而不获馆选。或有以下善启奏议者，公曰：非吾志也，老母在堂，一旦暌违，余何忍哉！壬午谒选，得山东兖州府之邹县令。板舆迎养，一时荣之。太孺人色喜曰：吾家累世勤学、孜孜于善，故得有此。当正心爱民，无失汝父清白家风。公奉命唯谨，日有所行必告太孺人。每入会城，公事毕，暮夜必归，依依膝下，不忍暂离。邹邑当南北孔道，素称难治。公持法平允，屏请托，绝苞苴，力行保甲。听讼必使民无冤轮正供，禁印销诸弊，猾吏奸胥，无所施其巧。且虑崔苻之多警也，严为缉之。而罪不及妻孥，良顽胥服，轸溜夫之苦役也。调而剂之，而力均其苦乐，则踊跃赴功，捐俸以葺仓厫。永定三年一修之例，征派不行，而民财纾矣。引年以尚齿德，悉推生事死祭之诚，肉帛均沾，而君恩溥矣。律己以廉，自奉虽一丝一粒，必严借噬之戒事上能恭，理闸而必详心慎。不知供亿整饬之烦，以至与学必先课士，分校群叹得人美政班班，不可枚举。而其所尤难者，则在赈饥一案，东土频罹昏垫，民不聊生。公抵任，心伤之曰：为民父母，而忍坐视耶。有本年民欠正供三百余金，悉行赔补，阅仓储有四万余石，详请振发。上台难之，三请而未果。适癸未皇上南巡，总河张公迎驾道邹。公力请亲查朝不保暮之饥民，借发一万石，焦劳况瘁，几至成疾。时有豪强欲包揽取利者，以民不能偿惑之。公叱曰民不能偿，吾任其咎，于汝无与也。又详请本年正供停征，未几，奉旨赈济，日夜奔驰，无咎刻宁。戒壅滞，杜侵渔，民之饥者必赈，而不饥者不得假冒焉。尤加意贫士，赈恤其家与饥民等。一时全活无□，有爱民如子之谣。至麦秋，又被水灾。公查荒，书数呈报，蒙皇恩本年正供停征。甲申，租税书蠲，遣官赉金，截留漕米分赈。公同寅协恭，勿滥勿遗，每月计口给米，公必亲临后发，流民来归，捐俸赡养，自赈杂粮五百余石。有失业者，捐给牛种籽粒，民罔不意惬，他日总河张公奉旨考验赈济情形，以实心实政引重之。乙酉复蒙皇上加意东省人民，再蠲租税，并历年逋欠，独漕粮不在蠲免之例，奉憞三年漕粮，皆于本年征收。公曰：民不堪也。出示平收，自捐杂费，有淋余悉令纳户扫去，严禁包揽人役。民谣曰：邹来慈父，历书勤苦，邹人爱戴之深。其不忘母训，砥清白以爱民者，大可见矣。

丙戌初秋，太孺人病滞下，猝致大故。公哀毁几不欲生，扶柩归里。修兆域，鸠工庀事，心力俱竭。每值忌辰，或平时言及，辄泫然流涕。服阕，补授四川邛州蒲江县知令，蒲邑凋散久，土著稀少。四方流民杂处，兼之征徭无垫，民避地如蛇蚩，多失业逃亡者。且俗健讼，罔知礼法。公下车，拊循噢咻，招流亡，垦荒田，轻徭薄，赋临比限，谆谆劝谕，不事敲朴，民感激输将恐后。部议纪录三次，凡狱讼纠纷，秉公确认，两造无不怗服。间有奸佞难驯者，并用恩威以绥戢之。一载后，民俗还淳，庭可罗雀。念邑人学无向方，自国朝乏科第，劝课之下，亲授矩度，甲午有登贤书者。邑

旧有虎患，公至作文祭之，虎患顿息，文翁之雅化，刘昆之异绩，何以加此。政清民安，于廨之西偏隙地。课种以供盘餐，建秋水亭，莳花木，把卷吟咏其间。丙申春，奉檄采买军需，拨运打箭炉，期甚迫。公恻然，以地瘠民贫为念，公价平籴，谕民协运，民皆乐于从事，旬余告竣。谓非公立心行政，一如治邹时，而清廉慈惠，深入人心之明效与。邑人方依公如父母，而公竟以是年夏。

卒于官，呜呼！以公之力学笃行，才名奕奕。宜掇青紫如拾芥。而艰于遇，既遇矣，则鼓吹休明，黼黻鸿猷者，宜莫量其所至也。乃以两邑令，不获竟其用，而殁。人或以是为公惜，不知公纯孝也。爱亲者不敢恶于人，敬亲者不敢慢于人。立身行道，必求无憾而后安。其所以树人伦之望，而增邦家之荣者，非浅鲜也，而又何惜乎。家居教子，虽恩过于威，而必以义方。尝训人曰：圣贤难到，人不可无希圣希贤之心。两孙就学，校书为文，亲加督课。宰蜀时，犹手书读书作文之法，并录癸巳，入闱杂感诗数首。以寄两孙曰：吾不能耳提面命，与汝漕朝夕论文，汝曹宜勤学敦行，诵此诗以当我之声音馨也！至于处事精详，见义乐为，悯人之凶，恕人之过，周人之急，交友睦族，仁厚信实，引进后学，殷勤忘倦，诗曰孝子不匮，永锡尔类惟公有焉！生平以文章自娱，潜心经史，博综群书，虽在官署，手不释卷。工书法，善赋咏清俊潇洒，仿佛董文敏之风流，见者如奇珍，而不知皆公之余也！

生于顺治十年癸巳四月初二日寅时，卒于康熙五十五年丙申七月初二日未时，享年六十有四。康熙十二年，覃恩敕授文林郎，山东兖州府邹县知县。配武氏，武公讳敏行女，敕封孺人。侧室汪氏，早卒。子恪宸，廪贡生，候选训导，娶庠生常公愫女。武孺人出女一，许字太学生朱公邦俊子孔嘉。汪氏出，孙男三。廷访，庠生，娶候补光禄寺典薄牛公锡禹女。廷谛，聘丙戌进士原任湖广巡抚张公讳汧曾孙女拔贡讳棋孙女庠生炯女。矣诏，未聘。孙女五。长适贡士候选训导牛公锡龄次子元亮。次适贡士郭公承仪次子柄。次许字原任四川顺庆府通判张公矞次子第观。余未字，俱恪宸出。曾孙二。晖祖，绳祖，未聘。曾孙女一，未字，俱廷访出。按状公之殁也，未尝委顿床褥，礼礼神茌民，如平日饮食渐减，端坐而逝。既殁之后，囊箧萧然。还葬，邑人助力，舁送数十里不忍去。诚所谓全生全归，不亏不辱者乎。

兹体公之志，奉灵輀于相公山之麓，祖茔之次而安厝焉。详志其性行之有关于伦教者如此。敬为之铭，以诏来者。铭曰：二气鸿 ，万象和同。孰纲维是，曰孝与忠。推孝作忠，求忠于孝。振古迄今，不易斯道。于惟我公，大雅之宗。绩学种德，至性攸充。凫绎嵯峨，嘉陵荡漾。载咏甘棠，山奔水立。爵无崇卑，德至则荣。寿无延促，令问难终。宰木丛青，佳城翼翼。佑启后昆，敬敏时伤。

大清康熙五十七年岁次戊戌十一月二十八日
不孝男恪宸 孙廷访 廷谛 廷诏曾孙晖祖 绳祖[1]仝泣血立石

11. 皇清敕封文林郎浙江宁波府镇海县知县壶隐田公暨配孺人王赵氏合葬墓志铭[2]

赐进士出身 浙江等处提刑按察使司副使分巡宁绍台道前翰林院庶吉士加一级 记录三次 年眷侄孙 诏顿首拜撰

---

1 田恪宸，田氏后二门、九世孙。田光复子，号紫湄，廪生。田廷访、田廷谛、田廷诏均为田氏后二门、十世孙，田恪宸子。田晖祖，字孚有，廪生，田恪宸长子；田绳祖，字翼有，廪生，田恪宸次子。为田氏后二门、十一世孙。笔者校注。
2 此文录自良户村田氏后四门、九世孙田昶的墓志铭，墓碑立于清雍正八年（1730年）。田昶，字海初，号壶隐，荫生，候补七品京职。田逢吉长子，以子田长文贵，敕封文林郎浙江宁波府镇海县知县。生于清顺治三年（1646年），卒于雍正七年（1729年）。笔者校注。

赐进士出身　敕授文林郎原任掌陕西道事云南道监察御史加一级前翰林院编修庶吉士加一级宗弟嘉穀顿首拜篆

赐进士出身　奉政大夫直隶真定分府前内阁撰文中书舍人管典籍事　年家眷世侄毕瀁顿首拜书

公姓田氏，讳昶，字海初，晚号壶隐。盖所居近悬壶山，因自寓云，自上世古籍泽之高平通义里，忠厚传家，世济其善。父讳逢吉，中顺治乙未科进士。由庶常历升内国史院学士，转户部左右侍郎，为抚浙大中丞。逮事世祖、圣祖两朝，伟绩鸿猷，彪炳史册。祖讳驭远，曾祖讳可耘，本生曾祖讳可乐，皆于中丞公为学士时，遇覃恩，封赠如其官。

公器量宏远，天姿醇茂。缵世德，敦伦理，而淡名利，其宅心制行，多远异乎流俗。而可风者，早年游庠，声称籍甚。寻以覃恩赐荫，候补七品京职。方是时，中丞公官于朝，而公正少年英发，在恒情未有不乘时进取，以冀通显者。公则以祖父母年高，奉中丞公命，代养于家。遂不管膴仕，尽心色养，使高堂释游子之望，而宦旅免内顾之忧。及中丞公授命抚浙，板舆迎养，公亦追随任所。适军务孔亟，羽檄交驰，公于供子职之余，遇有谋议，悉心参赞，长才硕书，时见一斑。中丞公以绩劳致病，俞允告归，惟事静摄。公事祖兼事父，服劳成欢，一无违缺。家务内外巨细，悉身任之，不以脞杂烦堂上人心。中丞公以疾耗之躯，得优游颐养于林下者二十年，赖有公也。既而中丞公凤疾未愈，益以风痹楼居调摄。公时年已逾五旬，每日自朝至夜，呈医方，进药饵，问起居，侍寝食，答候客，上下于楼数十次，惟以亲病差剧为忧喜，曾不知足力之疲。中丞公逝世，夫人称未亡人，公恐忧伤过度，出则悲哀庐次，入侍母侧，则勉为笑语，慰藉多方。居前后两丧，皆尽哀尽礼，戚慕之诚。即三年外，无异初丧时，待庶母备极恭顺，时委曲以博其欢好。庶母素司中丞公之寝，公初卒，或劝公亟移其居。曰：室之所有，存失恒于斯。公哭不胜哀。曰：吾父体尚未寒，欲相从于地下而不能，顾忍忘亲而为此乎。言者怂恿再三，屹不为动。有弟同母，而少公十五岁。公与友爱甚至，凡事皆曲体诸不言之表。中丞公因伯氏已举三子，而仲氏尚未有嗣，遗嘱三分产业。二归长，一归次，迨后弟亦举子，公喜甚同居雍睦，终不言及析箸事。即二长一次之说，亦绝口不道，且自诫其子曰：他日若或议析，必均。

呜呼！存没之交，图利而不顾其亲，维手与足，因资产而致阋墙者比比也，亦知世有重伦轻利如公者乎。中丞公晚年，殷望家声之有继，公时奉其意以勖诸子，督课特严，以传经为继志之要，益见纯孝之始终无间焉。少子庶出，其母早殁，公正室赵孺人钟爱之，不啻己子，公则相诫不令骄纵，且嘱其学业于长次二子，而时令督责之。世俗妾有子，嫡母责妒焉，父则曲庇焉，且怜爱少子，则唯恐嫡长之不能亲之而已。独公皆若与相反者，以故诸子俱克有成。冢君长文，于壬辰科成进士；仲君次何，甲午举于乡，季君三凤，亦英年入泮，皆公教以义方而不溺爱之效也。圣祖于壬辰科，特举旷典，留新进士教习于京师，冢君与焉。公遗书诫曰：吾家世受国恩，今汝又幸通籍，将来报效国家，皆始于此，当勤修职业，勉图上进，勿托足歧径，勿滥交匪人，勿轻言、勿慢事。散馆后，得授浙之镇海令，公恐其初仕未谙，遂偕至任所，时训以清慎爱民，勿负朝廷千里寄命之重。居署中，不见一客。邑中名胜地，亦不轻出一游。布衣菲食，恬然自安。惟于冢君退食之顷，则问其所行之得失，而时加以劝诫。以故凡有与除鞫断，其难其慎，不敢毫忽苟且，以达公意，则公又以庭训寓胞与之施矣。于今，皇上御极之初，得遇覃恩，敕封文林郎，浙江宁波府镇海县知县加一级。望阙谢恩，慨然谓其子曰：吾家世受国恩，吾早叨恩荫，晚岁又被敕封，天恩高厚，无能图报，没齿难忘，尔当尽心尽力，代我报称于万一，庶不失以忠为孝之道乎。冢君寻膺卓荐，入都引见，公遂挚眷旋里，及冢君再留原任，以年高不复至浙。而邑人感颂神君，推原所自，久且称道不置焉！盖公孝友根于天性，而绍前启后，达识顺时，坦怀福物，懿美不胜书。如早为贵介，而卑牧由礼，暮年丧偶，不置媵妾，惟读书教子，萧然高寄者，二十余年，皆俗情所难几者。合观生平行谊，固其姿性特优，而非大有学问

涵养之功，亦安能与于此。

公生于顺治三年丙戌六月初一日申时，卒于雍正七年己酉九月二十七日辰时，享年八十有四。元配王氏庠生懋修女。继配赵氏庠生曦女，明慧娴熟，克相夫子亦先公卒。俱以覃恩赠孺人。庶苗氏，男三，孟长文，壬辰科进士，授文林郎，浙江宁波府镇海县知县加三级记录二次。娶牛氏，候补光禄寺点簿锡禹女，赠孺人。继朱氏，丙辰科武会员，广东虎门营协镇都司三英女。继袁氏，国学生仿安女，封孺人。仲次何，甲午科举人，拣选知县，娶陈氏，庠生恺女，俱赵孺人出。季三凤，庠生，娶武氏，功加左都督云南武定营参将超女，继赵氏太学生锡祉女。庶苗氏，出女一，早殁，冥适庠生郭秉钧子圣任。赵孺人出。孺孙男五，毓颖，聘许氏，庠生多祜女。长文出，毓奇，娶尚氏，处士锡元女。毓珹庠生，娶毕氏，太学生深女。毓惠，聘李氏，廪生德瀚女。毓莘，聘崔氏，广东罗定州西宁县知县文煌女，俱次何出。孺孙女一，适岁贡生牛元善子之彦，早殁。次何出，曾孙男一，希颜毓珹出。曾孙女二，一毓奇出，一毓珹出，俱幼未字。

将以雍正八年十二月十二日，合葬于近里凤凰山之阳。盖公先葬赵孺人时，所自择地也，今请志而及于余，余与冢君有同谱之雅，近又共事浙东，谊不容辞，遂为之志。且铭曰：处善敦伦，天爵斯轩。华膴何慕，身自我尊。承先裕后，世德克悠。纶绋是加，禄自我茜。行修于庸，人乎其则。揆诸俗情，乃见其特。八旬一瞬，曷足云寿。懿德流芳，将垂永久。瞻彼高冈，来翙凤凰。以安其藏，俾炽俾昌。

大清雍正八年岁次庚戌十二月十二日

碑亭联：凤集久徵丹穴在

鹤翔时见玉芝鲜

不孝男长文　次何　三凤孙毓颖　毓奇　毓　毓莘　毓慧曾孙希颜[1]仝泣勒石

12. 皇清岁进士候补孺学训导曾唯田公暨配张姬两孺人合葬墓志铭[2]

甲午科举人　特授江南直隶通州同知侄次何顿首谨撰并书

士有不立异不矜名，雍雍恂恂，衣德□而无斁，厌世俗之浮糜。

人而动众者，识者以为是可以绵祖德，可以裕后昆，可以化浇漓，而戒凌竞。此予于叔父之没，思其淳性懿行，而不能一日去诸怀也。使不为之纪其梗概，以传示后人，使其后之人懵然不知所持循，其咎将谁归乎！

叔父吾祖中丞公之仲子，吾父封公之胞弟也。讳晓，字曾唯。其先世系次亲党，详祖中丞公志状中。兹不缕述，但述其存心制行，以招示来世，使知所斅式云尔。叔父生而谆谨端悫，少不好弄，一切戏博之具，不识为何物，一言一动，必循矩尺。以故祖中丞公爱之甚，而期其大有成也。方中丞公抚浙时，叔父出就外传，即择名师以教导之。稍长，禁不得滥交，必择良友，以使相观摩砥砺焉！督课之严，几无暇刻，凡所习经书艺文皆亲为选择。日夕讲贯必使之精熟而后已，祁寒暑雨，手不停披，焚膏继晷，口不绝吟。如是艰苦者二十余年，故□祖中丞公指授之甚深且久也。弱冠游庠，旋食

---

[1] 毓颖，田长文长子。毓奇，田次何长子；毓珹，庠生，田次何次子；毓慧，庠生，田次何三子；毓莘，田次何四子。以上五人皆为田氏后四门、十一世孙。希颜，田氏后四门、十二世孙。笔者校注。

[2] 此文录自良户村田氏后四门、九世孙田晓的墓志铭，墓碑立于清雍正十三年（1735年）。田晓，字曾唯，岁贡生。田逢吉次子。生于顺治十八年（1661年），卒于雍正十二年（1734年）。该文作者田次何为田逢吉次子。笔者校注。

忾，文战屡前茅。声噪黉序间，奈数遇多奇，棘闱莫售，白首穷经，怀瑾自慰，迁延至于五十始得一贡。于是泊于进取，优游林泉以终其身。非忘怨尤，齐得丧，乌能喜愠不形，而嚣然自得乎。其事亲也，体亲之志，二小心奉侍之，终身不改。少吾父十五岁，相亲相爱，凡事必禀命，商酌而后行。交友接物，一以朴诚相与，胸不存泾渭之分，面不形倨侮之色。言不轻发，间有以不请来者，惟笑以授之。不与校，御下以宽，奴仆即大佛意，虽盛怒叱呵之，不出恶言以伤其父母。诗所云，温温恭人，维德之基者，其叔父之谓乎。

生于顺治十八年辛丑七月十一日寅时，卒于雍正十二年甲寅九月十八日酉时，享年鼎七十有四。原配张氏原任湖广巡抚张公汧女，早卒。继姬氏，庠生姬公鼎燕女，慈和动俭，佐成三年之丧，尽哀尽礼，抚爱子女及孙，恩勤备至。生女一，适庠生候补鸿胪寺序班陈芬，生于康熙三年甲辰四月二十七日寅时，卒于雍正八年庚戌正月二十七日戌时，享年六十有九。先叔父三年殁。副杨氏，称未亡人，精敏强干，克相厥家，叔父末年，艰于视听，饮食起居，所以调护奉侍者，杨母之力为多。生子一，如方，娶郜氏，太学生郜公赵女。孙男二，守桂，聘庠生张公正乾女。附录联桂。孙女二。一适太学生贾瑞昌，一适庠生叚大观，今卜葬于交河宰家壇祖茔之次，而以张姬二母祔焉，遵遗命也。敬为之铭曰：刚则易折，孰若我公之柔而正乎。多言数穷，孰若我公之简而静乎。自古积学累行者，不发于其身，必发于其子孙，是在后之人，恪守贻谋，以继家声于丕振乎。

　　　　　　　　　　　　大清雍正十三年岁次乙卯十一月初七日
　　　　　　　　　　　　不孝男如方孙守桂　联桂[1]　仝泣血立石

《王氏家谱》

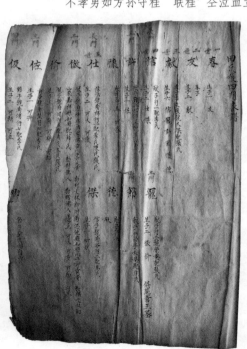

《田氏家谱》

1　田如芳，字尹庭，田氏后四门十世孙，田晓子，生子守桂、联桂。笔者校注。

后　记

　　截至2012年6月，山西省已经拥有30处"中国历史文化名镇名村"，101处 "山西省历史文化名镇名村"。没有发现的，或没有申报的也不在少数。对于这些古村镇的研究、保护与利用工作，长期困扰各界人士，是理不清、剪还乱的问题，借用"鸡肋"一词形容，有过之而无不及。

　　以良户古村为例，从2006年制作"中国历史文化名村"申报材料开始，到完成"保护规划"和"项目的可行性研究报告"，再到完成"新农村建设规划"。我们曾先后9次带队深入该村进行田野踏勘、调查走访。如今，仍然搞不清村落的历史沿革，始自何时建村？皓首穷经，查阅各种文献，翻遍各种方志，除记载几个进士举子、贞洁村妇的姓甚名谁，官衔职品，甚至连村名都语焉不详。这些方志对村落的记载，真可谓惜墨如金也！不得已，还得核对家谱，才敢确定是否为良户村人。遇到没有家谱者，或同名同姓者，更是苦不堪言。访问长者，你若问三个大爷，就有三种说法，传说与实证之间的距离过大，真乃头疼之事！再从我们的历史建筑测绘资料看，宅主人在清代时姓袁，村民却信誓旦旦地说是田氏老宅。仅此一例，就得翻阅房产地契，才敢肯定该老院的确已经数易其主。那么，在图纸上该标其为田宅还是袁宅？如标为田宅，袁家后代不干；如标为袁宅，则失缺了其始建主人的信息，混淆了读者的视听。

　　不禁令人慨叹！如将良户古村的历史比作戴着层层面纱的美丽姑娘，一点也不为过！盼望有识之士不吝赐教，揭去其华丽的盖头，露出其历史的真容！

　　从笔者收集到的历史资料看，良户古村的田家和王家，其历史演进脉络较为清晰。可以定论的是，至少在明代中叶，田家已在良户古村代代繁衍。但田家始自何时在良户古村定居，则没有确切的记载。而据《王氏家谱》"谱序"来看，良户古村王氏初居"城山"村，于崇祯六年（1633年）寄居良户。说明良户古村王家在此定居，自明末清初始。然而，良户古村郭家的信息，至今仍然石沉大海，无处可得。查阅《高平县志》，村民称之为郭家"双进士院"的宅主人，并非"进士"，何来"双进士院"？若从该院"北堂房"的花梁来看，"北堂房"创修于嘉庆二十二年（1817年），宅主人"郭桡"也仅为太学生。所以，研究良户古村的变迁，《王氏家谱》和《田氏家谱》的史料价值，弥足珍贵。

为了永久保留这些历史文献，笔者将其详细校注，列在附录中，以飨读者。

由于作者水平所限，尽管《良户古村》一书完成得步履蹒跚，但内心仍然充满感激之情。山西省住房和城乡建设厅总规划师李锦生同志，对我们的工作非常支持，深入实地，指导良户古村的保护工作。城建处处长张海同志（原村镇处处长），对本书的定位、框架、体例等提出了建设性意见。村镇处处长于丽萍同志抱以极大热情，数次深入良户村调研，对良户历史文化名村的申报工作、保护规划给予了大力支持和指导。李睿同学绘制了各类精美的分析图。薛林平君先行先试，积极促成《山西古村镇系列丛书》的问世，在此一并深表感谢！

特别应该感谢的是我们的历届研究生，他们历经六年，不畏艰辛，薪火相传，延续了良户古村的测绘、研究工作，在此允许我列出他们的姓名。2005级研究生吴丰、朱赛男、王晓强，2006级研究生付晓欢、韩春艳、李雅琦，2007级研究生郭朝辉、贾丽娜、甄博、周青，2008级研究生任芳、李芳、白文博，2009级研究生赵军、郑飔、檀杰、吉晓楠、成春朏、温婧，2010级研究生李睿、申睿、梁爽、阎宇晶、程艳红、朱明烨。当年满脸稚气的男生、女生们，如今大都走上工作岗位，有的也已经成为人之父母。但我相信一如不变的是他们对良户古村的深厚感情。因为在这里，不仅有浸注过他们心血和汗水的土地，还有思念他们的淳朴的父老乡亲！

闲暇时，我很想念他们，梦想有朝一日，还能带着他们，再次走进良户古村。

最应该感谢的是良户古村一班为人朴实、勤政勤劳的干部群众们。他们是王永顺、秦通明、王九书、赵永福、王晚顺、宋子武、邵兵川、何晚枝等。生长在良户古村的中学教师秦喜明，老会计邵保屯，收藏家宁宇，均为良户古村的文化爱好者，在此谢谢他们的无私帮助和倾力支持。

有时，当我看到担任良户古村20余年书记的王永顺同志，为争取良户古村的保护资金奔走辛劳，焦急上火时，一种爱莫能助的抱愧感油然而生。我也唯有用负有历史使命感的话语与他共勉：留住良户古村，就是留住华夏五千年的文明，也是留住了中华民族的伟大脊梁！

王金平

2012年6月9日